Lilli Breininger, Michael Reckordt
Rohstoffrausch
Die Auswirkungen von Bergbau in den Philippinen

philippinenbüro e. V.
im Asienhaus

philippenbüro (Hrsg.)
Lilli Breininger, Michael Reckordt

Rohstoffrausch
Die Auswirkungen von Bergbau in den Philippinen

Wir bedanken uns bei Misereor für die Förderung des Projekts zu »deutschen Investoren im internationalen Bergbau am Beispiel der Philippinen« und die inhaltliche Begleitung. Ebenfalls bedanken wir uns bei Brot für die Welt und der Stiftung Umverteilen für die Unterstützung.
Diese Publikation wurde ermöglicht mit finanzieller Unterstützung des BMZ. Der Herausgeber ist für den Inhalt allein verantwortlich.

Copyright der Fotos, wie angegeben:
Daniel Böhme, Lilli Breininger, Manuel Domes, Michael Reckordt
Titelfoto: Manuel Domes (http://manueldomes.wordpress.com/):
Karbon und Zyanid werden zum Auswaschen von Gold benutzt.

Redaktion: Lilli Breininger, Michael Reckordt (verantwortlich)
Redaktionelle Mitarbeit: Jessica Barth, Elisabeth Strohscheidt, Isabelle Oberthür

1. Auflage September 2011
Satz und Gestaltung: Klartext Medienwerkstatt GmbH, Essen
Druck und Bindung: Laserline Druck, Berlin
© **philippinen**büro e. V., Essen 2011
ISBN 978-3-933341-55-6
Alle Rechte vorbehalten

www.philippinenbuero.de

Inhalt

Abkürzungsverzeichnis 7

I   Mining in the world
     Entwicklungen im internationalen Bergbau
     Von Heidi Feldt 9

II   Deutschland und die EU im Rohstoffrausch:
     Die Zeche zahlen andere
     Von Nicola Jaeger 13

III Rohstoffabbau und Menschenrechte
     Welche Verantwortung tragen Wirtschaftsunternehmen?
     Von Elisabeth Strohscheidt 21

IV Die Geschichte des Bergbaus in den Philippinen
     Von Michael Reckordt 47

V   Die dreifache Last
     Einblicke in von Bergbau betroffene Gemeinden in den Philippinen
     Von Mario E. Maderazo 71

VI Das Bergbauprojekt auf Rapu Rapu: Ein rechtsfreier Raum?
     Von Daniel Böhme 83

VII Gold, Guns and Goons
     Menschenrechtsverletzungen und Gewalt im Kontext
     von Bergbau in den Philippinen
     Von Michael Reckordt 97

VIII Freie, rechtzeitige und informierte Zustimmung?
     Die Indigenen Gemeinschaften der Philippinen
     fordern die Aussetzung des derzeitigen FPIC Verfahrens
     Von Mario E. Maderazo 113

IX	Deutsche Banken im philippinischen Bergbau	
	Von Michael Reckordt	117
X	Mineral Management Bill in den Philippinen	
	Von Romel de Vera	131

Literaturhinweise und Quellen 135

Autor/innen Informationen 147

Philippinische Netzwerke 149

philippinenbüro e. V. im Asienhaus 150

Abkürzungsverzeichnis

ADB	Asian Development Bank
AFP	Armed Forces of the Philippines
AMB	Alternative Mining Bill
AMC	Anti-Mining Campaign
ASEAN	Association of Southeast Asian Nations
ATM	Alyansa Tigil Mina
BDI	Bundesverband der Deutschen Industrie
CAR	Cordillera Administrative Region
CPP	Communist Party of the Philippines
DENR	Department for Environment and Natural Resources
DILG	Department of Interior and Local Government
DOLE	Department of Labor and Employment
UNEP	United Nations Environment Programme
ECC	Environmental Clearance Certificate
EPA	Economic Partnership Agreement
EPJUST	EU-Philippines Justice Support Programme
FPIC	Free, Prior and Informed Consent
FTAA	Financial Technical Assistance Agreement
IPRA	Indigenous Peoples Rights Act
LGU	Local Government Unit
LRC/KSK	Legal Rights and Natural Resources Center/Kasama sa Kalikasan
MGB	Mines and Geosciences Bureau
MMB	Mineral Management Bill
NCIP	National Commission on Indigenous Peoples
NGO	Non-Governmental Organization (Nichtregierungsorganisation)
NPA	New People's Army
PMP	Philippine Misereor Partnership
PNP	Philippine National Police
RMI	Raw Materials Initiative
RRPP	Rapu Rapu Polymetallic Project
SAC	Social Action Center
SMI	Sagittarius Mining Incorporated
SoS	Sites of Struggle (vom Bergbau betroffene Gemeinden)

Quelle Doris Lois B. Rifareal (www.designworkers.biz)

Mining in the World
Entwicklungen im internationalen Bergbau
Von Heidi Feldt

> »*The key difference between resource-rich states that do well and those that do poorly is the quality of government institutions and government policies.*«
> (Abschlussbericht der Extractive Industry Review der Weltbank, 2003)

Bergbau ist in den letzten zwei Jahrzehnten zu einem zentralen Wirtschaftssektor in vielen Entwicklungsländern geworden. So macht der Bergbau heute in vielen rohstoffreichen Entwicklungsländern einen großen Teil der Staatseinnahmen aus (in Peru sind es zum Beispiel 10 Prozent). Bergbau und Erdölförderung generieren in vielen dieser Länder den größten Teil der Deviseneinnahmen (in der Demokratischen Republik Kongo, der Republik Kongo und im Tschad liegt der Anteil bei über 90 Prozent) und auch der größte Teil der ausländischen Direktinvestitionen geht in diesen Industriezweig. So erwartet Kamerun in den nächsten Jahren Investitionen in Höhe von zehn Milliarden US-Dollar, die im Wesentlichen zum Ausbau der Infrastruktur für den Bergbau vorgesehen sind. Mit dem Ausbau des Bergbaus geht in vielen Ländern die Hoffnung auf mehr wirtschaftliche Entwicklung und Arbeitsmöglichkeiten einher. Diese Hoffnung wird jedoch oft enttäuscht.

Zwar herrschte noch in den 1950er und 1960er Jahren die Meinung vor, dass der Rohstoffreichtum eines Landes dessen wirtschaftliche Entwicklung begünstigt, doch mittlerweile zeigt sich, dass in vielen Staaten eher das Gegenteil der Fall ist. Rohstoffreichtum weist häufig negative soziale, ökonomische und politische Folgen auf. Schlechte makroökonomische Daten, höhere Wahrscheinlichkeit eines Bürgerkrieges und mangelnde demokratische Entwicklung stehen oft in einem direkten Zusammenhang mit Rohstoffreichtum. Die Weltbank hat in mehreren Studien die Situation von rohstoffreichen und rohstoffarmen Entwicklungsländern verglichen. Diese belegen, dass Letztere sich wirtschaftlich nicht schlechter entwickelt haben als Erstere. Aufgrund nationaler wirtschaftlicher Fehlentwicklungen ebenso wie ungünstiger Handelsbeziehungen auf internationaler Ebene, die den Großteil der Wertschöpfung aus den Rohstoffen in den Industrieländern belassen, geht der gesellschaftsökonomische Fortschritt nicht mit Ressourcenreichtum einher.

Häufig werden ein schlechtes Wirtschaftsmanagement und unzureichende Regierungsführung für die negativen Auswirkungen von Bergbau verantwortlich gemacht.

Die Gründe dafür liegen darin, dass
- sich politische Eliten in den Ländern profitmaximierend verhalten. Dies scheint umso ausgeprägter je kürzer die zu erwartende Zeit der Rohstoffausbeutung ist.
- Bergbauunternehmen ihre wirtschaftliche Macht ausspielen, in dem sie günstige Bedingungen für ihre Investitionen aushandeln. So zeigt eine Studie von mehreren afrikanischen Instituten über die Steuereinnahmen in sieben Ländern des Kontinents deutlich, dass diese Länder kaum von dem Preisboom der Rohstoffe zwischen 2003 und 2008 profitiert haben, weil den Bergbauunternehmen zu viele Steuererleichterungen gewährt werden und viele Unternehmen die Zahlung von Steuern durch geheime Verträge und konzerninterne Gewinnverlagerung umgehen.
- sich Rentenstaaten herausbilden, die sich ihren Bürgern gegenüber weniger rechenschaftspflichtig fühlen, da die Staatseinnahmen nicht vom Steueraufkommen der Bevölkerung abhängig sind, sondern auf der Ausbeute der Rohstoffe basieren.
- Rohstoffreichtum zur Verschärfung sozialer Ungerechtigkeiten und Spannungen führt, weil der Reichtum sich in den Händen weniger konzentriert. Die einseitige Abhängigkeit von Rohstoffexporten erscheint eher als ein Hindernis in der Entwicklung demokratischer Strukturen.
- rohstoffreiche Länder mit schwachen Regierungen zum Spielball wirtschaftlich starker Länder werden. Reiche Länder stützen diese Regierungen so lange Rohstoffe vorhanden sind. Ein Beispiel dafür ist die französische Agenda in der Republik Kongo und Gabun, wo die französische Politik korrupte Machthaber auch militärisch unterstützt hat. Als Gegenleistung erhielten sie die Präferenz auf die Rohstoffe der Region.

Folglich werden in den Staaten nur unzureichende Rahmenbedingungen zur Regulierung und Kontrolle des Bergbaus gesetzt. Dies wird von vielen Bergbauunternehmen unterstützt, die weitere Regulierungen für den Bergbau ablehnen. Doch schwache staatliche Institutionen, die zudem auf einem unzureichenden gesetzlichen Rahmen beruhen, sind nicht in der Lage, die dringenden ökologischen und sozialen Probleme in den Griff zu bekommen. In Peru beispielsweise hat die Mehrzahl der sozialen Konflikte ihren Ursprung im Bergbau. Die autonome Menschenrechtsinstitution *Defensoría del Pueblos* hat im Jahr 2010 insgesamt 246 Konflikte gezählt, 229 (über 90 Prozent) davon sind Auseinandersetzungen um den Rohstoffabbau. Vor allem die Nutzung begrenzter Ressourcen wie Wasser und Land stehen im Mittelpunkt der Konflikte. Der Bergbau benötigt große Mengen Wasser für den Rohstoffabbau und für die Aufbereitung. Den umliegenden Bau-

Eine Verarbeitungsanlage von Kleinschürfern. Hier wird Gold aus Gestein extrahiert. Foto: L.Breininger

ern wird dadurch notwendiges Wasser für die Landwirtschaft entzogen und die Dorfgemeinschaften leiden unter der schlechten Qualität des Wassers, das von den Unternehmen wieder in die Flussläufe geleitet wird, bei der Wiedereinleitung jedoch häufig stark verschmutzt ist.

Es ist jedoch nicht allein der industrielle Bergbau, der ökologische und soziale Konflikte verursacht. Der Kleinbergbau führt ebenfalls zu ernstzunehmenden Umweltverschmutzungen (zum Beispiel durch den Einsatz von Quecksilber im Goldbergbau) und birgt soziale Probleme wie Kinderarbeit oder Landkonflikte. Allerdings wird der Kleinbergbau meist von Menschen betrieben, die keine anderen Arbeitsmöglichkeiten haben. Für diesen Sektor müssen daher andere Lösungen gefunden werden als für den industriellen Bergbau.

Noch ein anderes Problem bereitet der Industrie und der Politik in den Industrienationen große Sorgen: eine mögliche Verknappung von Rohstoffen auf dem internationalen Markt. Eine Arbeitsgruppe der Europäischen Union zu Rohstoffen hat im Jahr 2010 eine Liste mit 14 metallischen und nicht-metallischen Rohstoffen vorgelegt, bei denen sie Risiken in der Versorgung für die europäische Industrie sieht (vgl. Europäische Kommission 2010). Dazu gehören Kobalt, Magnesium, Niob, die Metalle der Platingruppe, Seltene Erden, Tantal und Wolfram. Auf dieses Problem reagieren die deutsche und europäische Politik mit den jeweiligen Rohstoffstrategien, die im folgenden Beitrag kritisch analysiert werden.

Deutschland und die EU im Rohstoffrausch: Die Zeche zahlen andere

Von Nicola Jaeger

> »Manche unserer Verhandlungspartner in den sich gerade entwickelnden Staaten werden uns darauf hinweisen, dass die Ausbeutung ihrer Rohstoffe und Arbeitskräfte in den letzten beiden Jahrhunderten unter Beteiligung der Europäer so edel und sozial verantwortungsvoll nun auch nicht gewesen sei. Das ist richtig. Wir werden das Selbstbewusstsein entwickeln müssen, trotz dieser geschichtlichen Verantwortung – teilweise auch Schuld – einzufordern, dass heute Regeln gefunden werden, die unsere Interessen am Erhalt unseres Wohlstandes angemessen berücksichtigen.«
> (Roland Koch (damaliger CDU-Ministerpräsident); in: FAZ 28.6.2007)

Der große Wettlauf um die weltweiten Rohstoffe hat begonnen. Plötzlich sind sie nicht mehr billig und unendlich. Deutschland und die EU versuchen ihre Reviere abzustecken – auf Kosten anderer Länder, der Umwelt und zukünftiger Generationen. Ressourcengerechtigkeit sieht anders aus.

Vom Element zur Strategie

Der globale Ressourcenverbrauch ist in den letzten Jahren weiterhin enorm angestiegen. Neue Wettbewerber wie etwa China, Indien oder Brasilien bieten mit um die letzten Rohstoffvorkommen der Welt. Als Reaktion darauf forderten Industrievertreter in Deutschland eine stärkere staatliche Rolle in der Rohstoffpolitik. Ihr Rufen wurde erhört: Aufbauend auf den Rohstoffgipfel der deutschen Bundesregierung, zusammen mit dem *Bundesverband der Deutschen Industrie* (BDI) im Jahr 2005, wurden 2007 – wiederum gemeinsam von Bundesregierung und BDI – die »Elemente einer Rohstoffstrategie« vorgestellt (Bundesregierung 2007). Zivilgesellschaftliche Beteiligung gab es dabei ebenso wenig wie im weiteren Verlauf der Ausarbeitung der deutschen Rohstoffstrategie, die im Oktober 2010 präsentiert wurde (vgl. Kasten: Anforderungen an eine zukunftsfähige Rohstoffstrategie).

Diese »kohärente gestaltende Rohstoffaußenpolitik« (Brüderle 2010) soll die deutschen Unternehmen dabei unterstützen, ihre Rohstoffbezugsquellen zu diversifizieren, zum Beispiel über staatliche Kredite und Investitionsgarantien, geologischen Vorerkundungen oder eine verbesserte Datenbereitstellung. Diese Strategie schließt auch die Förderung von Rohstoffen in Deutschland ein. So sollen Lizenzen zum Abbau leichter und schneller verteilt werden, unter anderem in ökologischen Schutzgebieten (vgl. Fuhr 2010). Ergänzend sollen die Rahmenbedingungen für das Recycling verändert werden, damit Sekundärrohstoffe besser erschlossen werden können. Auch die Material- und Substitutionsforschung soll ausgebaut werden. Zur besseren Beratung und Unterstützung der Wirtschaft wurde bereits die Deutsche Rohstoffagentur gegründet. Diese beschäftigt sich unter anderem mit dem Aufbau sogenannter bilateraler Rohstoffpartnerschaften. Bisherige Partner sind die Mongolei und Kasachstan. Unternehmen sollen im Rahmen dieser Partnerschaften konkrete Projekte vor Ort entwickeln, während von staatlicher Seite die gesamte Entwicklungszusammenarbeit im Rahmen von Sektorkonzepten und Länderstrategien auf eine sichere Rohstoffversorgung ausgerichtet wird (BMWi 2010).

Anforderungen an eine zukunftsfähige Rohstoffstrategie

Einen Tag vor der offiziellen Präsentation der deutschen Rohstoffstrategie im Oktober 2010 präsentierten verschiedene deutsche NGOs und Hilfswerke, wie Brot für die Welt, FIAN, Global Policy Forum, Misereor, **philippinen**büro und andere, ihre »Anforderungen an eine zukunftsfähige Rohstoffstrategie« (**philippinen**büro, Misereor et al. 2010). Aufgrund der Implikationen der Strategie auf die Menschen in Deutschland und im globalen Süden, fordern die Organisationen eine Beteiligung der deutschen Zivilgesellschaft an dem Diskussionsprozess. Deutschland müsse sich seiner Verantwortung in der Welt bewusst sein.

Das NGO-Bündnis formuliert verschiedene Forderungen, die aus ihrer Sicht in eine Rohstoffstrategie gehören: Erstens benötigen wir ein weltweites, ökologisches Umsteuern. Dafür soll der Verbrauch von Rohstoffen besteuert, Alternativen vor allem im energetischen Bereich vorangetrieben, umwelt- und ressourcenschonende Beschaffung gefördert und die Ressourceneffizienz sowie der Recyclinganteil erhöht werden. Zweitens müssen friedens- und sicherheitspolitische Aspekte beachtet werden. Das bedeutet, »Konfliktressourcen« dürfen nicht importiert bzw. ihr Abbau in Konfliktgebieten unterstützt werden. Drittens muss der Schutz von Menschenrechten und die Partizipation der Zivilgesellschaft, lokal wie international, gewährt werden. Die lokale Bevölkerung hat ein Recht auf freie, frühzeitige und informierte Zustimmung. Diese Zustimmung bzw. Nicht-Zustimmung muss als bindend gelten. Dazu muss auch die Zivilgesellschaft in den Rohstoffländern gestärkt werden

> und Menschenrechtsverteidiger/innen geschützt werden. Viertens ist es notwendig, die internationale Handels- und Investitionspolitik zu überdenken. Bisherige Investitionsabkommen müssen mit einem Moratorium ausgesetzt und anschließend neuverhandelt werden, damit Regierungen das Recht auf Gestaltungsspielraum zugestanden wird. Klare und verbindliche menschen- und arbeitsrechtliche, soziale, ökologische und ökonomische Verpflichtungen für Rohstoffunternehmen sowie Gast- und Heimatländer sollen festgeschrieben und den Konzernen die Möglichkeit genommen werden, in sogenannten »*Investor-to-State*«-Klagen Staaten mit Prozessen zu überhäufen, die menschen- oder umweltrechtliche Verbesserungen der Abkommen verhindern. Zu diesem Zweck ist es förderlich, wenn auch die deutsche Außenwirtschaftsförderung an verbindliche Menschenrechtskriterien anknüpft und Menschenrechtsexperten in die Fördergremien entsandt werden. Zudem brauchen die Opfer von Menschenrechtsverletzungen Möglichkeiten, Unternehmen auf Entschädigung und Wiedergutmachung zu verklagen. Fünftens muss eine transparentere Rohstoffverwaltung auf allen Ebenen gefördert werden. Die deutsche Bundesregierung sollte sich für die Einführung länderbezogener Rechnungslegungspflichten einsetzen sowie für ein erweitertes Mandat der internationalen Transparenz-Initiative EITI aussprechen. Transparenzregeln helfen der Bevölkerung und der Zivilgesellschaft, Korruption und Steuerflucht offen zu legen. Eine Zertifizierung, die neben der geographischen Herkunft auch die sozialen und ökologischen Bedingungen beim Abbau der Rohstoffe offenlegt, ist notwendig. Zuletzt muss eine transparente und öffentliche Debatte über die Rohstoffstrategie stattfinden. »Die Einleitung der notwendigen Ressourcenwende erfordert transparente Entscheidungsprozesse, die soziale, menschenrechtliche und ökologische Interessen effektiv und gleichberechtigt berücksichtigen, bevor wichtige politische Entscheidungen getroffen werden.« (ebd. S. 11)
>
> *Michael Reckordt*

Ran an den Stoff

Deutschland hat das Thema Rohstoffpolitik auch in der *Europäischen Union* (EU) auf die Agenda gesetzt (BMWi 2006). Im November 2008 präsentierte der damalige EU-Vizepräsident Günter Verheugen (SPD) die *Raw Materials-Initiative* (RMI) der EU (Europäische Kommission 2008). Diese Strategie basiert auf drei Säulen: Sicherung des Zugangs zu Rohstoffen weltweit, Förderung von Rohstoffen aus europäischen Quellen und Reduzierung des europäischen Verbrauchs primärer Rohstoffe.

Während die Vorschläge der letzten Säule eher vage Absichtserklärungen bleiben, wird man bei der Exploration und Nutzung von Rohstoffen hierzulande schon konkreter. In einer am 2. Februar 2011 veröffentlichten Mitteilung der Kommission zur RMI werden hier auch erste Erfolge ausgewiesen. Europäische Rohstoffvorkommen seien besser erfasst und die Forschung zur Exploration und Förderung innerhalb Europas verbessert worden. Zudem wurden neue Leitlinien entwickelt, die Rohstoffförderung in Natura-2000-Gebieten[1] grundsätzlich erlauben. Insgesamt stünden den Unternehmen des Rohstoffsektors jedoch noch zu viele Regeln im Weg.

Doch nicht nur die Natur hat gegenüber den Rohstoffinteressen das Nachsehen. Genaue Maßnahmen und Ziele finden sich vor allem in der ersten Säule. Unter dem Titel »aktive Rohstoffdiplomatie« sollen die verschiedenen Bereiche der EU-Außenpolitik, wie Außenbeziehungen, Handel, Entwicklung, Sicherheit und andere koordiniert werden, um den »diskriminierungsfreien Zugang« zu Rohstoffen zu sichern. In Punkto Handels- und Investitionspolitik bleibt die Kommission in ihrer jüngsten Mitteilung zur RMI auf Kurs.

Denn die große Importabhängigkeit von »strategisch wichtigen Rohstoffen« wie den Hightech-Metallen Kobalt, Platin und Titan, seltenen Erden, aber auch von anderen Ressourcen wie Holz, Chemikalien oder Fellen und Häuten wird als Risiko für die europäische Wettbewerbsfähigkeit gesehen (vgl. Curtis 2010; Europäische Kommission 2010a). Europäische Interessen sollen daher in neuen bilateralen Freihandelsabkommen (Free Trade Agreements), zum Beispiel mit Korea, Indien, Peru/Kolumbien oder Mittelamerika durchgesetzt werden. Auf die AKP-Staaten (Afrika, Karibik, Pazifik) wird in den Verhandlungen zu den Wirtschaftspartnerschaftsabkommen (EPA) Druck ausgeübt. Auch mit den Philippinen und dem südostasiatischen Staatenbund ASEAN verhandelt die EU solche Abkommen bzw. hat das Interesse an Verhandlungen bekundet.[2] Neben der Marktöffnung für den Güterhandel geht es vor allem um die Liberalisierung von Dienstleistungen und Investitionen, Wettbewerbspolitik sowie den Schutz geistigen Eigentums. Damit passt die Rohstoffstrategie perfekt ins Bild eines »wettbewerbsfähigen Europas in einer globalen Welt«, welches 2006 mit der »Global Europe«-Agenda entworfen wurde und mit der Mitteilung »Handel, Wachstum und Weltgeschehen« der Kommission vom 9. November 2010 nahtlos fortgesetzt wird (Europäische Kommission 2010b).

Auch Entscheidungen in anderen Foren, wie der Welthandelsorganisation oder dem Allgemeinen Präferenzsystem, über das ärmeren Ländern, wie den Philippinen, ein bevorzugter Zugang zum europäischen Markt gewährt wird, werden an Bedingungen im Hinblick auf den Zugang zu Rohstoffen geknüpft. Als Hauptproblem nennt die Kommission staatliche Maßnahmen, die den internationalen Rohstoffhandel verzerren würden, insbesondere Ausfuhrbeschränkungen und restriktive Investitionsregeln. Allen voran stehen China, Russland, die Ukraine,

Argentinien, Südafrika und Indien auf der Liste derer, denen nachgesagt wird, zu diesen »unlauteren« Mitteln zu greifen. Aber auch andere rohstoffreiche Entwicklungsländer werden aufgeführt.

Ungehinderter Rausch ohne Verpflichtung

Die Besteuerung oder auch eine Begrenzung der Ausfuhr durch eine Quote oder ein (zeitlich begrenztes) Verbot bei bestimmten Rohstoffen können eine entscheidende Rolle für die wirtschaftliche Entwicklung sowie für den Schutz der Umwelt und der natürlichen Ressourcen spielen, beispielsweise wenn dadurch der Druck auf die Regierungen im globalen Süden genommen wird, ihre Rohstoffe zu niedrigen Preisen direkt auszubeuten.

Ausfuhrbeschränkungen sind kein Allheilmittel, doch sie können weiterverarbeitende Industrien vor Ort zu einem komparativen Wettbewerbsvorteil verhelfen und temporär vor Konkurrenz schützen. Die Weiterverarbeitung und Fertigung sowie damit verbundene Dienstleistungen zu fördern, ermöglicht Entwicklungsländern, sich aus ihrer Abhängigkeit als reine Rohstofflieferanten zu befreien. Über Ausfuhrbegrenzungen können Angebot und Nachfrage reguliert und Preise stabil gehalten werden. Damit können Ausfuhrsteuern (beständige) Einnahmen für öffentliche Aufgaben generieren.

Trotz alledem versucht die EU in den laufenden bilateralen Verhandlungen über Freihandelsabkommen Ausfuhrsteuern gänzlich zu verbieten oder zumindest die Möglichkeiten der Nutzung drastisch einzuschränken.

Ebenso drängt die EU auf eine tiefgreifende Liberalisierung der Investitionspolitik und den maximalen Schutz für europäische Investoren weltweit. Dabei haben die ökonomisch erfolgreichsten Länder, inklusive der meisten EU-Staaten, in der Vergangenheit ausländische Direktinvestitionen begrenzt, um ihre eigene Entwicklung zu lenken. Doch nun möchte die EU drei Prinzipien verankern, die eine solche Steuerung für andere erheblich erschweren wird:

- *Inländerbehandlung:* Dadurch erhalten ausländische Investoren dieselben Rechte wie einheimische. Dies nimmt Entwicklungsländern die Möglichkeit, lokale Investoren zu bevorzugen oder ausländische Investitionen in gewissen Sektoren einzuschränken.
- *Investitionsschutz:* Damit werden ausländische Investitionen rechtlich abgesichert. Streitschlichtungsmechanismen ermöglichen ausländischen Investoren gegen souveräne Staaten Klage vor internationalen Schiedsgerichten zu erheben – ohne Rücksicht auf inländische Gerichte. So erhalten die Investoren mehr Rechte als die Regierungen des Gastlandes, einheimische Unternehmen oder lokale Gemeinden.

- *Ungehinderter Kapitalfluss über Staatsgrenzen hinweg:* Auf diese Weise können Investoren ihre Gewinne weitestgehend uneingeschränkt ins Ausland transferieren. Auch spekulative Kapitalbewegungen können dann nicht mehr eingeschränkt werden.

Viele dieser Begünstigungen haben die Philippinen schon durch ihre nationale Gesetzgebung und den *Mining Act of 1995* (vgl. Kapitel IV) gewährt.

Rohstoffabbau stellt in den meisten Fällen einen schweren Eingriff in die Natur dar und wirkt sich häufig negativ auf die Menschen vor Ort aus. Sie sind oft Umweltbelastungen ausgesetzt, die durch den Einsatz giftiger Stoffe oder als toxische Nebenprodukte beim Abbau entstehen (zum Beispiel bei Gold bzw. Uran). Zugleich profitieren sie kaum von den Aktivitäten der transnationalen Konzerne. Denn lokale Arbeitskräfte finden selten Beschäftigung und wenn, dann werden Arbeits- und Sozialstandards häufig missachtet. Zudem bleiben die Verknüpfungen mit anderen Wirtschaftsbereichen und der Technologietransfer meist gering, die Weiterverarbeitung findet schließlich woanders statt. Mithilfe von Sondersteuerabkommen sichern sich Konzerne riesige Gewinne, während die Staatskasse und lokale Gemeinden leer ausgehen. Hohe Kredite für Rohstoffprojekte bergen das Risiko von Verschuldung, gerade bei stark schwankenden Rohstoffpreisen. Die gesamte Wirtschaft wird damit extrem krisenanfällig, insbesondere in den Ländern, die von einem Exportrohstoff abhängig sind. Nicht selten werden soziale Konflikte um Land oder die Gewinnverteilung geschürt und enden in Menschenrechtsverletzungen und Vertreibungen, bis zu bewaffneten Konflikten (vgl. Kapitel VII).

Handeln – und zwar anders!

Die rohstoffpolitischen Pläne Deutschlands und der EU beschneiden massiv und dauerhaft den politischen Handlungsspielraum von Entwicklungsländern. Doch genau dieser Gestaltungsspielraum ist notwendig, um einerseits die Entwicklung des Landes direkt fördern zu können und andererseits Regulierungen, die zur Einhaltung der Arbeitnehmer/innen-, Umwelt-, und Menschenrechte sowie anderer Standards führen, durchsetzen zu können. Während die EU von Regierungen rechtlich verbindliche Abkommen fordert, genügen bei Unternehmen jedoch freiwillige Verpflichtungen zur Einhaltung globaler Standards (vgl. Kapitel III).

Alles in allem lenkt die Rohstoffstrategie von den eigentlich wichtigen Zielen ab: Den übermäßigen Ressourcenverbrauch in Europa drastisch zu reduzieren und ein gerechtes globales System zur nachhaltigen Nutzung der weltweiten Ressourcen aufzubauen. Denn Ressourcengerechtigkeit bedeutet, allen Menschen weltweit das gleiche Recht zur Nutzung der natürlichen Ressourcen einzuräumen. Doch der durchschnittliche Rohstoffverbrauch pro Kopf ist in Europa heute dreimal so hoch wie in Asien und mehr als viermal so hoch wie in Afrika. Statt die Entwicklungsmöglichkeiten der Länder des Globalen Südens zu untergraben, sollten Deutschland und die EU einen Transformationsprozess einleiten, der zu einem nachhaltigen Wirtschaftsmodell führt, das auf geringem Ressourcenverbrauch sowie auf Wiederverwertung, mehrfacher Nutzung und Naturverträglichkeit von Produkten basiert.

Anmerkungen

1 Natura 2000 sind Schutzgebiete innerhalb der EU, die länderübergreifend gefährdete Wildpflanzenarten und -tierarten in ihrem natürlichen Lebensraum schützen sollen. Im Jahr 2010 fielen 18 Prozent der Fläche der EU unter diese Schutzgebiete.
2 Die Philippinen haben im Juni 2010 ein Partnerschafts- und Kooperationsabkommen mit der EU unterzeichnet, das als Grundlage für die Verhandlungen über ein Freihandelsabkommen gesehen wird.

Wo vorher Regenwald stand, findet man nun nur noch eine Wüstenlandschaft, die für die nächsten Jahrhunderte nicht genutzt werden kann. Foto: D. Böhme

Recycling und Gold

Dem deutschen IT-Branchenverband Bitkom zu Folge sind im Jahr 2010 5,1 Milliarden Handys weltweit in Gebrauch. Für 2011 rechnet der Verband mit einem weiteren Anstieg auf 5,6 Milliarden (Bitkom 2010). Das Umweltprogramm der Vereinten Nationen (United Nations Environment Programme; kurz: Die UNEP) verweist darauf, dass weltweit jährlich 40 Millionen Tonnen Elektroschrott entstehen, allein in der EU sind es acht bis neun Millionen Tonnen und in Deutschland 600.000 Tonnen (UNEP 2009, S. 1).

Dabei ist dieser »Schrott« ein wahres Rohstofflager. Christian Hagelüken vom Recyclingunternehmen Umicore berichtet, dass eine Million Computer-Leiterplatten 250 Gramm Gold pro Tonne enthalten. Das entspricht dem 50-fachen der Kalgold-Mine in Südafrika, die mit fünf Gramm Gold pro Tonne Gestein zu den lukrativsten der Welt gehört (Bojanowski 2010).

Doch die Gewinnung von einzelnen Stoffen ist sehr kostenintensiv und das Recycling eine Herausforderung. Mobiltelefone sind ein Beispiel dafür. Häufig lagern diese zu Hause in Schubladen oder werden mit dem Hausmüll entsorgt. Nur geschätzte 40 Prozent der elektronischen Geräte werden recycelt, so Christian Hagelüken im Spiegel (Bojanowski 2010). Dabei setzen sich 23 Prozent des Gewichtes eines Handys allein aus Metallen zusammen, wie das UNEP festgestellt hat. In einem einzigen Mobiltelefon finden sich unter anderem neun Gramm Kupfer, 250 Milligramm Silber, 24 Milligramm Gold und neun Milligramm Palladium (UNEP 2009; Seite 7). In einer gesammelten Tonne alter Mobiltelefone (ohne Batterien) finden sich somit 130 Kilogramm Kupfer, 3,5 Kilogramm Silber, 340 Gramm Gold und 140 Gramm Palladium.

Konsequentes Recycling der jährlich verkauften 1,2 Milliarden Mobiltelefone (11.000 Tonnen Kupfer, 300 Tonnen Silber, 29 Tonnen Gold und elf Tonnen Palladium) sowie den 255 Millionen Computern und Laptops (128.000 Tonnen Kupfer, 255 Tonnen Silber, 56 Tonnen Gold und 20 Tonnen Palladium) könnten bis zu 13 Prozent der jährlichen globalen Produktion von Palladium, drei Prozent der Gold- und Silberproduktion und ein Prozent der Kupferproduktion ersetzen (UNEP 2009; S. 8).

Für das philippinische Bergbaugebiet in Tampakan (South Cotabato) (vgl. Kapitel IX) bedeutet das: Bei einem geschätzten Anteil von 6,5 Kilogramm Kupfer und 0,26 Gramm Gold pro Tonne abgebauten Gestein ist pro abgebauter Tonne Gestein die gleiche Menge an Gold zu finden, wie in nur sechs Mobiltelefonen und die gleiche Menge Kupfer, wie in weniger als 725 Mobiltelefonen. Bei gleichbleibendem Handyverkauf würde in zehn Jahren so viel Gold in Mobiltelefonen über die globalen Ladentheken gehen, wie in 25 Jahren in Tampakan geschürft werden sollen.

Gold wird allerdings im Gegensatz zu Silber, Platin und anderen Edelmetallen kaum in der Industrie genutzt, sondern hauptsächlich als Wertanlage. Allein deutsche Anleger/innen kauften im Jahr 2010 127 Tonnen Gold (Berger 2011).

Michael Reckordt

Rohstoffabbau und Menschenrechte
Welche Verantwortung tragen Wirtschaftsunternehmen?
Von Elisabeth Strohscheidt

> »Die Bevölkerung im Erdölgebiet lebte vor dem Erdölboom in Armut, jetzt lebt sie im Elend.«
> (Michel Russo, Bischof der Diözese Doba, Tschad, anlässlich der MISEROR-Fastenaktion 2011)

Der Rohstoffabbau in Entwicklungsländern ist in der Regel mit gravierenden Umweltschäden und mit Menschenrechtsverletzungen verbunden. Das gilt für die Erdölförderung ebenso wie für den Bergbau, insbesondere für den großflächigen und industriell betriebenen offenen Tagebau. Die in Armut lebenden Menschen in den betroffenen Regionen profitieren meistens nicht von den Einnahmen. Im Gegenteil: Das, was die Regierungen ihren Bevölkerungen als »Armutsbekämpfungsmaßnahme« und »wirtschaftliche Entwicklung des Landes« verkaufen, treibt die lokale Bevölkerung häufig in noch größere Armut. Denn die Einnahmen dienen in der Regel weder dem Aufbau von Bildungs- und Gesundheitsprogrammen oder rechtsstaatlichen Strukturen und einer funktionieren Administration, noch der Finanzierung von Infrastrukturmaßnahmen, die der ländlichen Bevölkerung oder den in Armut lebenden Menschen in den Städten zugute kämen. Die Einnahmen landen vielmehr häufig auf den In- und Auslandskonten der Eliten des Landes oder mehren die Gewinne der Erdöl- und Bergbauunternehmen, viele von ihnen transnationale Konzerne mit Sitz in den USA, Kanada, Australien, Europa, zunehmend häufiger auch in China, Korea, Japan, Malaysia oder anderen Schwellenländern. Für die Betroffenen in den Abbauregionen bedeuten Erdölförderung und Bergbau häufig Landvertreibung, Gesundheitsschäden, Verschmutzung von Land und Wasser, und damit die Verletzung ihrer Menschenrechte auf sauberes Trinkwasser, Nahrung, Gesundheit oder menschenwürdiges Wohnen. Wer sich mit friedlichen Mitteln zur Wehr setzt, läuft Gefahr, verfolgt, schikaniert, inhaftiert oder gar gefoltert oder getötet zu werden.

All dies trifft auch auf den Bergbau in den Philippinen zu (vgl. Kapitel IV). Für die in Armut lebenden Menschen ist Bergbau in erster Linie eine Last, kein Gewinn. Eine »dreifache Last«, wie Mario E. Maderazo in seinem Beitrag schreibt (vgl. Kapitel V).

Wer trägt Verantwortung?

Staatliche Verantwortung

Die Hauptverantwortung für Achtung und Förderung der Menschenrechte – bürgerlicher und politischer wie auch wirtschaftlicher, sozialer und kultureller Rechte – tragen Staat und Regierung. Sie sind es, die die entsprechenden UN-Konventionen ratifizieren und sich damit völkerrechtlich verbindlich zu deren Einhaltung bekennen. Dies bringt eine dreifache Verpflichtung mit sich. Die »Pflichtentrias« der Staaten umfasst: die Achtungspflicht, die Schutzpflicht und die Gewährleistungspflicht. Das bedeutet, der Staat ist verpflichtet, die Menschenrechte selbst zu achten; sie gegen Übergriffe auch durch Dritte (darunter auch private Unternehmen und bewaffnete Oppositionsgruppen) zu schützen und schließlich durch geeignete Maßnahmen sicherzustellen, dass alle Bürger/innen unter seiner Hoheitsgewalt nach und nach in den Genuss aller Menschenrechte gelangen können.

In den letzten Jahren hat die Diskussion über die »extraterritorialen Staatenpflichten« an Momentum und Substanz gewonnen. Zumindest unter fortschrittlichen Völkerrechtler/innen ist inzwischen anerkannt, dass Staaten unter bestimmten Bedingungen die Pflicht haben, die Menschenrechte auch über das eigene Hoheitsgebiet hinaus zu achten und zu fördern. Dies betrifft die internationale Zusammenarbeit und die Arbeit Deutschlands in internationalen Institutionen ebenso wie die nationale Politik und deren (mögliche oder tatsächliche) Auswirkungen auf die Menschenrechte in anderen Ländern. Konkret auf die deutsche Rohstoffpolitik bezogen heißt das: Die deutsche Regierung ist verpflichtet, sicherzustellen, dass ihre eigene Rohstoffpolitik keine Menschenrechtsverletzungen in anderen Ländern zur Folge hat oder diese begünstigt (vgl. Kapitel II). Dies betrifft nicht nur die Entwicklungspolitik, sondern auch alle anderen Politikfelder, einschließlich der Außenwirtschaftspolitik. So sollte die Regierung zum Beispiel der Vergabe von Mitteln der Außenwirtschaftsförderung eine Menschenrechtsverträglichkeitsprüfung vorschalten. Im Falle eines Verstoßes gegen die OECD-Leitsätze für multinationale Unternehmen (siehe unten) sollte, zumindest für einen gewissen Zeitraum, die Vergabe von Krediten oder Investitionsgarantien für das entsprechende Unternehmen ausgeschlossen sein. Dies ist bislang in Deutschland nicht der Fall.

Des Weiteren bestehen gravierende Lücken in der deutschen Rechtsprechung, die es fast unmöglich machen, deutsche Unternehmen, die sich im Ausland einer Menschenrechtsverletzung schuldig gemacht haben, vor einem deutschen Gericht zur Rechenschaft zu ziehen. In ihrer Studie »Transnationale Unternehmen in Lateinamerika: Gefahr für die Menschenrechte?« aus dem Jahr 2011 machen Misereor, Brot für die Welt und das *European Center for Constitutional and Human Rights* (ECCHR), eine Organisation engagierter Menschenrechtsanwält/innen, auf diese Lücken aufmerksam und geben Empfehlungen, wie sie geschlossen werden können. Diese Empfehlungen gehen weit über den lateinamerikanischen Kontext hinaus und sind von allgemeiner Gültigkeit. Die Autorinnen beziehen sich dabei unter anderem auf die aktuellen Forderungen der *European Coalition on Corporate Justice* (ECCJ) und haben deren Forderungen für Deutschland spezifiziert und konkretisiert (vgl. Saage-Maaß und Müller-Hoff 2011).

Die Verantwortung der Privatwirtschaft

Macht und Einfluss transnationaler Konzerne (TNK) sind in den letzten Jahrzehnten und im Rahmen einer einseitig auf Profitmaximierung und Wirtschaftswachstum ausgerichteten Globalisierung bedeutend gestiegen. Die Aktivitäten der TNK reichen direkt oder indirekt inzwischen in alle Teile der Welt und alle Bereiche menschlichen Lebens hinein. Die Umsetzung und Möglichkeiten zur Wahrnehmung international anerkannter Menschenrechte können und werden durch die Aktivitäten und den Einfluss von Unternehmen beeinflusst – im Guten wie im Schlechten. Nicht zuletzt aufgrund der »globalisierten Informationsgesellschaft« wächst die Zahl der Unternehmen, die sich aktiv ihrer sozialen Verantwortung stellen, denn diese Informationsgesellschaft kann – nachgewiesenes oder auch nur behauptetes – Fehlverhalten von Unternehmen sehr schnell weltweit bekannt machen. Neben Umweltstandards werden auch Menschenrechtsfragen zunehmend als zu berücksichtigende Faktoren im Risikomanagement von Unternehmen aufgenommen. Im Bereich der extraktiven Industrien beispielsweise gibt es kaum noch ein großes, transnational agierendes Unternehmen, das nicht einen freiwilligen Verhaltenskodex hat, in dem auch die Menschenrechte und »das Wohl der betroffenen Gemeinden« angesprochen werden. Allerdings variieren diese Verhaltenskodizes nicht nur in der Tiefe und Bandbreite ihrer Inhalte, sondern auch in der Art und Weise, wie sie innerhalb des Unternehmens, der Tochterunternehmen sowie gegenüber Unterauftragnehmern, Lieferanten und anderen Vertragspartnern umgesetzt und kontrolliert werden.

Die staatlichen Steuerungs- und Regulierungsmechanismen, die sicherstellen sollten, dass Menschenrechte geachtet und gefördert werden und dass die wirtschaftliche Tätigkeit *auch* dem Allgemeinwohl dient, haben mit dem Machtzuwachs der Transnationalen Unternehmen jedenfalls nicht Schritt gehalten. Unternehmensinteressen beeinflussen Politik in vielerlei Hinsicht. Das Handels- und Investitionsrecht mag als Beispiel dienen (vgl. Kapitel II). Es enthält weitgehende Bestimmungen zum Schutz privatwirtschaftlicher Interessen, die sich zum großen Teil bei Bedarf über entsprechende Sanktionsmechanismen durchsetzen lassen.

> ### Exkurs: Das Beispiel Ecuador
>
> Die Regierung von Ecuador wurde allein 14 Mal vor dem bei der Weltbank angesiedelten *International Center for Investment Dispute Settlement* (ICSID) verklagt. Der Ölkonzern Chevron hat mindestens drei Investitionsschutzklagen vor verschiedenen Schiedsgerichten gegen Ecuador initiiert. In den 1970 und 1980 Jahren hatte Chevrons Vorgänger Texaco im ecuadorianischen Dschungel Erdöl gefördert. Die Folgen für Mensch und Umwelt waren katastrophal. Tausende ecuadorianische Bürger/innen haben aufgrund der Umwelt- und Gesundheitsschäden sowie wegen der Zerstörung ihrer natürlichen Lebensgrundlage das Unternehmen kollektiv auf Schadenersatz verklagt. Die Schäden waren nach Überzeugung der Kläger/innen Folge des Erdölprojektes. Weil der ecuadorianische Staat diese Klage zuließ, klagte Chevron auf Verletzung eines Investitionsschutzabkommens. Und bekam Recht. 2010 verurteilte die UN-Kommission für internationales Handelsrecht (UNCITRAL) den Staat Ecuador zur Zahlung von 700 Millionen US-Dollar. Das entsprach etwa 7,3 Prozent der staatlichen Jahreseinnahmen Ecuadors, jedoch »nur« 6,7 Prozent der Jahresnettoeinnahmen von Chevron 2009.
>
> (Quelle: Saage-Maaß und Müller-Hoff, 2011, S. 25)

Dem Internationalen Menschenrechtsschutzsystem hingegen fehlen derartige Mechanismen, um Menschenrechte gegenüber großen Unternehmen im Zweifelsfall auch über Sanktionen durchzusetzen. Dort, wo nationale Gesetze nicht greifen, bleibt der Schutz der Menschenrechte nach wie vor weitestgehend auf freiwillige Initiativen aus der Wirtschaft selbst, auf freiwillige zwischenstaatliche Mechanismen oder das »*naming and shaming*« durch zivilgesellschaftliche Organisationen und die Medien angewiesen.

Stand der internationalen Diskussion und bestehende Instrumente zur Unternehmensverantwortung

Im Folgenden werden einige ausgewählte Instrumente zur Stärkung der menschenrechtlichen Verantwortung von Unternehmen beschrieben und bewertet. Die Auswahl erfolgte subjektiv anhand von Kriterien wie der Aktualität und Relevanz in der internationalen Diskussion sowie der Bedeutung für den Rohstoffsektor. Die Auswahl erhebt keinerlei Anspruch auf Vollständigkeit.

Ein Grundproblem: Mangelnde politische Steuerung

In seinem Bericht an den UN-Menschenrechtsrat vom April 2008 schreibt der Harvard Politik-Professor John Ruggie in seiner damaligen Funktion als »Sonderbeauftragter des UN-Generalsekretärs zum Thema Menschenrechte und Transnationale Konzerne sowie andere Wirtschaftsunternehmen« (kurz: »UN-Sonderbeauftragter für Wirtschaft und Menschenrechte«): »*The root cause of the business and human rights predicament today lies in the governance gaps created by globalization – between the scope and impact of economic forces and actors, and the capacity of societies to manage their adverse consequences. These governance gaps provide the permissive environment for wrongful acts by companies of all kinds without adequate sanctions or reparation. How to narrow and ultimately bridge the gaps in relation to human rights is our fundamental challenge.*« (Human Rights Council, A/HRC/8/5, 2008, Absatz 3, Seite 3)

Die Diskussion um die Notwendigkeit einer stärkeren politischen Steuerung der wirtschaftlichen Globalisierung ist und war 2008 nicht neu, hat jedoch über den oben genannten Bericht von John Ruggie an den UN-Menschenrechtsrat wieder verstärkte Aufmerksamkeit erfahren. Das Weltentwicklungsprogramm der Vereinten Nationen (*United Nations Development Programme*; kurz: UNDP) beispielsweise hatte bereits 1999 eine stärkere politische Steuerung gefordert. »*Die Globalisierungswelle der letzten ein oder zwei Jahrzehnte ist nur der Anfang. Die global integrierte Welt wird eine stärkere politische Steuerung brauchen, wenn sie die Vorteile des weltweiten Marktwettbewerbs beibehalten und die Kräfte der Globalisierung für die Unterstützung menschlichen Fortschritts nutzen möchte*«, so das UNDP damals (Deutsche Gesellschaft für die Vereinten Nationen e. V., 1999, S. 17). Auch der 2004 veröffentlichte Bericht der von der Internationalen Arbeitsorganisation (*International Labour Organization*; kurz: ILO) eingesetzten »Weltkommission zur sozialen Dimension der Globalisierung« zielte in diese Richtung. Bereits in den 1960er und 1970er Jahren hatten vor allem die in der G77 zusammengeschlossenen Entwicklungsländer gefordert, das Verhalten von Konzernen auf internationaler Ebene zu regulieren. Der Wirtschafts- und Sozialrat der Vereinten Nationen (ECOSOC) beschloss auf der Grundlage der damaligen Diskussionen, einen internationalen Verhaltenskodex für Unternehmen zu erarbeiten. Das *United Nations Center on Transnational Corporations* (UNCTC), das dem ECOSOC unterstellt war, wurde mit dieser Aufgabe beauftragt. Doch der Verhaltenskodex kam nie zu Abstimmung innerhalb der UN; das UNCTC wurde als eigenständige Einheit aufgelöst und der UNCTAD unterstellt. Statt Kontrolle wurde die Deregulierung zum Mantra der internationalen Politik der 1980er und 1990er Jahre. Statt verbindlicher Regeln für Unternehmen gewann der Gedanke der »Partnerschaft mit der Wirtschaft« an Bedeutung und Einfluss (vgl. Feldt 2006, S. 8–9). Bis heute setzen zahlreiche Regierungen und die Mehrzahl von Unternehmen sowie vor allem die großen Wirtschaftsverbände auf das Modell der »Partnerschaft«. Andererseits gibt es inzwischen auch Unternehmen, die in vertraulichen Gesprächen oder öffentlich anerkennen, dass zum Schutz und zur Förderung von Menschenrechten staatliche Rahmenregulierungen sinnvoll oder sogar erforderlich sind.

Neben der Frage, wie die von der Bundesregierung und der EU in der Regel als »über gesetzliche Vorgaben hinausgehend« und definierte »soziale Verantwortung« der Unternehmen (*Corporate Social Responsibility*; kurz: CSR) gestärkt werden kann, geht es um die Frage der Rechenschaftspflicht von Unternehmen gegenüber Staat und Gesellschaft (*Corporate Accountability*). Beides kann und sollte sich sinnvoll ergänzen. Es geht nicht um ein »Entweder-Oder«, sondern um ein »Sowohl-Als-Auch«. In der internationalen Diskussion liegt jedoch – trotz der Weiterentwicklung des Diskurses in den letzten Jahren – die Priorität weiterhin auf der Diskussion um die *Corporate Social Responsibility* und weniger auf der Frage der Umsetzung und der Weiterentwicklung rechtsverbindlicher Normen.[1] Dies trifft auch auf die Politik der deutschen Regierung zu.

UN Global Compact und UN-Normen zur Unternehmensverantwortung: zwei UN Initiativen zur gleichen Zeit, aber mit unterschiedlichen Ansätzen

1999 – also im gleichen Jahr der oben genannten UNDP Forderung nach stärkerer politischer Steuerung der Globalisierung – rief der damalige UN-Generalsekretär Kofi Annan auf dem Weltwirtschaftsforum in Davos die dortigen Wirtschaftsvertreter zu einem »globalen Pakt« mit den Vereinten Nationen auf. Voraussetzung zur Aufnahme war und ist bis heute ein schriftliches Bekenntnis der Unternehmensleitung gegenüber dem UN-Generalsekretär, dass das Unternehmen die erst neun, später zehn Prinzipien des Paktes anerkennt und im eigenen Unternehmen umsetzen wird. Alle Mitgliedsunternehmen sind verpflichtet, einmal pro Jahr schriftlich über ihre Fortschritte zu berichten. Ursprünglich umfasste der Pakt die folgenden neun Prinzipien: Zwei Menschenrechtsprinzipien[2], vier Arbeitsrechtsprinzipien[3] und drei Umweltprinzipien[4]. Nach Inkrafttreten der UN-Konvention gegen Korruption im Jahr 2005 wurde der Pakt um das zehnte Prinzip der Anti-Korruption ergänzt.[5] Konzipiert ist der *Global Compact* als Lern- und Dialogforum für die Mitgliedsunternehmen. Er verzichtet daher bewusst auf Kontrollmechanismen. Nach harscher Kritik, vor allem aus den Reihen der Zivilgesellschaft, teilweise auch von Seiten einiger Mitgliedsunternehmen, die sich von allzu vielen Trittbrettfahrern umgeben sahen, hat der *Global Compact* seine Management-Richtlinien geändert und erlaubt inzwischen auch den Ausschluss von Unternehmen, die sich nachweislich nicht an die Regeln des Paktes halten. Allerdings beziehen die Ausschlusskriterien sich im Wesentlichen auf die Einhaltung oder Nicht-Einhaltung der Berichtspflichten. Ob die Inhalte der Fortschrittsberichte den Tatsachen entsprechen oder nicht, prüft der Pakt nicht. Der UN-*Global-Compact* hat inzwischen über 8.000 Mitglieder in 135 Ländern der Welt, davon mehr als 6.000 Unternehmen.[6] Verglichen mit der Anzahl von schätzungsweise allein 75.000 TNK weltweit, ist diese Zahl gering; verglichen mit der Mitgliedschaft oder aktiven Teilnahme von Unternehmen an anderen freiwilligen Initiativen zur Unternehmensverantwortung, ist sie hoch.

Bereits 1998 hatte die damalige UN-Unterkommission zur Förderung und zum Schutz der Menschenrechte[7] eine Arbeitsgruppe, bestehend aus fünf unabhängigen Experten aus den fünf Regionalgruppen der UN, damit beauftragt, Empfehlungen und Vorschläge für verbindliche Regelungsmechanismen zu entwickeln, die sicherstellen sollten, dass die Aktivitäten von (transnationalen) Unternehmen nicht in Widerspruch zur Verwirklichung international verbriefter Menschenrechte geraten. Des Weiteren sollte die Arbeitsgruppe auch Möglichkeiten zur Überwachung des von ihr vorzuschlagenden Regelwerkes analysieren. Das Mandat der Arbeitsgruppe wurde zweimal verlängert. Nach zahlreichen nicht-öffentlichen und öffentlichen Sitzungen sowie vier öffentlichen Anhörungen legte die Arbeitsgruppe schließlich im November 2003 der Unterkommission zur Förderung und zum Schutz der Menschenrechte einen Entwurf für »Normen der Vereinten Nationen für die Verantwortlichkeiten transnationaler Konzerne und anderer Wirtschaftsunternehmen im Hinblick auf die Menschenrechte« (kurz: UN-Normen zur Unternehmensverantwortung) vor. Die Unterkommission billigte den Entwurf einstimmig und verwies ihn zur weiteren Beratung an die UN-Menschenrechtskommission. Hier scheiterten die Normen jedoch am Widerstand zahlreicher Regierungen und am Lobbyismus von Unternehmen und einflussreichen Unternehmensverbänden. Die UN-Normen waren darauf angelegt, mittel- und langfristig in eine UN-Konvention zur menschenrechtlichen Verantwortung von Unternehmen weiterentwickelt zu werden. Doch statt den Entwurf überhaupt inhaltlich zu diskutieren, gab die Menschenrechtskommission ihrer Überzeugung Ausdruck, dass diese Normen keinerlei Rechtsstatus besäßen und bat den UN-Generalsekretär auf ihrer Sitzung im April 2005, einen Sonderbeauftragten für das Thema »Menschenrechte und Transnationale Konzerne und andere Wirtschaftsunternehmen« (kurz: Wirtschaft und Menschenrechte) zu ernennen (vgl. Strohscheidt, 2005).

Der »Protect, Respect and Remedy-Framework« der Vereinten Nationen und die Leitprinzipien (UN Guiding Principles) zu seiner Umsetzung – Ist das Glas halb voll oder halb leer?

Im Sommer 2005 ernannte der damalige UN-Generalsekretär Kofi Annan John Ruggie zum Sonderbeauftragten für das Thema Wirtschaft und Menschenrechte.[8] Der Politikprofessor aus Harvard war maßgeblich an der Ausgestaltung des oben genannten *Global Compact* beteiligt und wird immer wieder als dessen »geistiger Vater« genannt. Das ursprünglich auf zwei Jahre angelegte Mandat des UN-Sonderbeauftragten wurde vom UN-Menschenrechtsrat (der Nachfolgeorganisation der UN-Menschenrechtskommission) zweimal (2007 und 2008) verlängert. Im April 2008 legte Ruggie dem UN-Menschenrechtsrat seinen vorläufigen Abschlussbericht vor. Der Bericht wurde bekannt als »*Three Pillar Framework*«, »*Ruggie-Framework*« oder auch als »*Protect, Respect and Remedy Framework*«. Ruggie stellt dem Menschenrechtsrat in diesem Bericht ein Modell zur menschenrechtlichen Verantwortung von Unternehmen vor, das auf drei Säulen (*pillars*) basiert: (1) der Pflicht der Staaten, die Menschenrechte zu schützen (*duty to protect*), (2) der Verantwortung der Unternehmen, die Menschenrechte zu achten (*responsibility to respect*) und (3) der Säule, die sich mit dem (mangelnden) Zugang der Opfer zu Wiedergutmachung und Gerechtigkeit (*access to remedy*) befasst.

Die staatliche Pflicht zum Schutz der Menschenrechte (*duty to protect*) ist nach Überzeugung von Ruggie eine völkerrechtlich verbindliche Pflicht; die Verantwortung der Unternehmen, die Menschenrechte zu achten (*responsibility to respect*) ist seiner Auffassung nach eine moralisch/ethische Verantwortung.

Der Bericht von 2008 ist treffend in der Analyse, bleibt in den Empfehlungen jedoch zum Teil unpräzise und hinter den Auffassungen fortschrittlicher Völkerrechtler/innen zurück, denen es vor allem um die Stärkung der Rechenschaftspflicht von Unternehmen geht. Die Zurückhaltung in den Empfehlungen erstaunt, da Ruggie selbst, wie oben bereits beschrieben, von der »Regulierungslücke« spricht, die es zu schließen gilt und davon, dass die UN die Aufgabe hat, intellektuell neue Maßstäbe zu setzen: »*The United Nations [...] can and must lead intellectually and by setting expectations and aspirations*«, so Ruggie im letzten Absatz des genannten Berichtes (Human Rights Council, A/HRC/8/5, 2008, Abs. 107, S. 28). Dieser Herausforderung sind weder der Sonderberater selbst noch der UN-Menschenrechtsrat bislang wirklich gerecht geworden. Dies gilt vor allem in Hinsicht auf die Möglichkeiten der Opfer von Menschenrechtsverletzungen zu ihrem Recht zu kommen und Wiedergutmachung zu erhalten. Zu Recht spricht Ruggie im *Protect, Respect and Remedy-Framework* von 2008 von einem »Flickenteppich«, den es in seinen Teilen und als Ganzes zu überarbeiten gilt: »*Yet this patchwork of mechanisms remains incomplete and flawed. It must be improved in its parts and as a whole*« (Human Rights Council, A/HRC/8/5, 2008, Abs. 87, S. 22). Doch gerade diese »dritte Säule« des *Framework* und die entsprechenden Umsetzungsleitlinien von 2011 (siehe unten) sind die am schwächsten entwickelten innerhalb des Modells. Angesichts der Tatsache, dass es den Vereinten Nationen in erster Linie um den Opferschutz gehen sollte, ist dies ausgesprochen bedauerlich. Hier bleibt für die UN-Arbeitsgruppe, die Ruggie im Amt nachfolgen soll, (siehe unten) noch viel zu tun.

Der UN-Menschenrechtsrat hieß den oben genannten »*Protect, Respect and Remedy-Framework*« 2008 einstimmig willkommen und verlängerte das Mandat des Sonderberaters ein zweites Mal. Der Rat beauftragte Ruggie, bis 2011 die Schlussfolgerungen und Empfehlungen seines *Frameworks* zu konkretisieren und zu operationalisieren. Das Ergebnis sind die entwickelten Leitprinzipien zur Umsetzung des Drei-Säulen-Modells: *Guiding Principles on Business and Human Rights: Implementing the United Nations »Protect, Respect and Remedy« Framework.*[9] In seiner Sitzung im Juni 2011 nahm der UN-Menschenrechtsrat diese Leitprinzipien einstimmig an.

Eine Stärke des Konzeptes von Ruggie liegt in der expliziten Bestätigung, dass Unternehmen im Prinzip alle Menschenrechte verletzen können, nicht nur einen kleinen, ausgewählten Kanon. Außerdem hat Ruggie von dem bis dahin häufig benutzten Konzept der »Einflusssphäre« eines Unternehmens Abstand genommen und spricht von den menschenrechtlichen Auswirkungen und Folgen (*impact*), die unternehmerisches Handeln auf die Menschenrechte hat oder haben kann und die es abzuschätzen gilt. Letztlich geht es darum, sicherzustellen, durch eigenes Handeln keinen Schaden anzurichten (*do-no-harm*). Im Sinne eines effektiven menschenrechtlichen Risikomanagements rät Ruggie den Unternehmen zur nötigen Sorgfaltspflicht (*due diligence*). Dazu gehören umfassende Menschenrechtsverträglichkeitsprüfungen. Die Verantwortung des Unternehmens hört dabei nicht an den Werkstoren auf, sondern umfasst die gesamte Lieferkette sowie das gesellschaftliche Umfeld. Ruggie nennt konkrete Kriterien, die Bestandteil jeder menschenrechtlichen Sorgfaltspflicht eines Unternehmens sein müssen (vgl. Human Rights Council, A/HRC/17/31, 2011; Guiding Principle 17). Kernelemente sind demnach:

- zu untersuchen, welche menschenrechtlichen Auswirkungen die Tätigkeit des Unternehmens hat oder haben kann;
- die Ergebnisse der Untersuchung in entsprechende Handlungsschritte umzusetzen;
- diese nachzu verfolgen;
- intern und gegebenenfalls extern zu kommunizieren, in welcher Weise das Unternehmen menschenrechtliche Risiken und Folgen adressiert.

Eine weitere Stärke des *Ruggie-Framework* ist die Bezugnahme auf die Verantwortung der Gast- wie auch der Heimatstaaten von transnationalen Unternehmen. Leider sind die *Guiding Principles* in Hinsicht auf die extraterritorialen Staatenpflichten der Heimatstaaten gegenüber »ihren Unternehmen« schwächer formuliert als der *Framework* selbst. Doch klar ist, dass die UN die Staaten unter anderem aufrufen, sicherzustellen, dass Investitions- und Handelsabkommen nicht zur Einschränkung und zur Gefährdung der Menschenrechte führen und dass auch der Vergabe von Mitteln der Außenwirtschaftsförderung menschenrechtliche Kriterien zugrunde liegen sollten.[10] Insbesondere für Deutschland mit einer sehr hohen Zahl von bilateralen Investitionsabkommen ist dies eine wichtige Vorgabe für eine kohärente und an den Menschenrechten orientierte nationale Politik. Eine konsequente

Berücksichtigung von *Framework* und *Guiding Principles* könnte auch in den Verhandlungen über ein Partnerschaftsabkommen zwischen EU und den Philippinen positive Wirkung entfalten.

Die *Guiding Principles* heben die Bedeutung vor allem nicht-juristischer Beschwerdemechanismen hervor, wie zum Beispiel die OECD-Leitsätze für multinationale Unternehmen sowie Beschwerdemechanismen innerhalb der Unternehmen selbst. Solche Beschwerdemechanismen müssen vertrauenswürdig (*legitimate*), den Opfern zugänglich (*accessible*), für sie vorhersehbar (*predictable*)[11], fair und gerecht (*equitable*)[12], transparent und mit den Menschenrechten kompatibel sein (vgl. Human Rights Council, A/HRC/17/31, 2011, Guiding Principle 31). Angesichts des festgestellten *governance gap* und der Tatsache, dass Unternehmen mehr und mehr die gesellschaftlichen Regeln bestimmen und immer weniger die Staaten, stellt sich die Frage, warum Ruggie ein so hohes Gewicht auf die nicht-juristischen Mittel zur Wiedergutmachung legt. Andererseits schließt er juristische Mittel keinesfalls aus, sondern ermutigt die Staaten vielmehr zur Stärkung des Rechtsweges. So werden die Staaten unter anderem dazu aufgefordert, bestehende Gesetze zum Schutz gegen Menschenrechtsverletzungen durch Unternehmen in der Praxis auch um- und durchzusetzen sowie regelmäßig zu überprüfen, ob die bestehenden Gesetze noch ausreichen und eventuelle Lücken zu schließen (vgl. Human Rights Council, A/HRC/17/31, 2011, Guiding Principle 3).

Wiederholt hat Ruggie auch die Bedeutung von Nationalen Menschenrechtskommissionen betont und sieht hier durchaus Potenzial, dass deren Arbeit den Opferschutz auch im Bereich »Wirtschaft und Menschenrechte« stärken kann. Menschenrechtskommissionen sollten nach Auffassung von Ruggie verstärkt auch Menschenrechtsverletzungen durch Unternehmen in den Blick nehmen. Doch nur wenige haben bislang überhaupt das Mandat dazu. Noch weniger sind bereit und mit den nötigen Mitteln oder strukturellen Voraussetzungen ausgestattet, diese Aufgabe zu erfüllen. Vor diesem Hintergrund kann die Bedeutung der Empfehlung der philippinischen Menschenrechtskommission an die Regierung, den Vertrag mit Oceana Gold Philippines wegen der Verletzung der Menschenrechte zu kündigen, gar nicht hoch genug gewürdigt werden (vgl. Kapitel VII).

Ruggie selbst hat seinen Ansatz als »prinzipientreuen Pragmatismus« (*principled pragmatism*) bezeichnet. Viele Organisationen der Zivilgesellschaft hatten auf mehr Vision und ein klares Bekenntnis vor allem zur Weiterentwicklung internationaler Rechtsnormen gehofft. Das bleibt Ruggie weitgehend schuldig. Was in seinem Konzept auch fehlt, ist die klare Empfehlung an die Staaten, die von den Unternehmen geforderte *due diligence* im Zweifelsfall auch über Gesetze oder Sanktionen einzufordern. Eine explizite Bezugnahme der drei Säulen aufeinander hätte dem *Ruggie-Framework* gut getan. Gemessen an der Herausforderung bleiben die vorgelegten Prinzipien insgesamt bescheiden. Vielleicht sind sie gerade deshalb mehrheitsfähig und umsetzbar. Als <u>Mindeststandard</u> können die *Guiding Principles* jedenfalls einen wichtigen Beitrag zu dringend erforderlichen Verbesserungen leisten. In seiner Präsentation vor dem UN-Menschenrechtsrat im Juni 2011 bezeichnete Ruggie selbst sie als »Ende eines Anfangs« und nicht als »Anfang des Endes«.

Im September 2011 wird der UN-Menschenrechtsrat in Genf über die Besetzung einer fünfköpfigen Arbeitsgruppe entscheiden, die die Nachfolge des Mandates von John Ruggie antreten wird. Misereor und Partner aus Kamerun, Nigeria, Mexiko, Kolumbien und den Philippinen haben sich über die letzten Jahre hinweg aktiv an den Diskussionen der UN beteiligt, einschließlich der Diskussion um das Folgemandat für Ruggie. Wie effektiv die Arbeit der nun zu besetzenden Arbeitsgruppe sein wird, wird weitestgehend davon abhängen, wie sachverständig und vor allem wie unabhängig ihre Mitglieder sein werden. Es gibt offensichtliche Bestrebungen seitens einiger Regierungen und Unternehmensverbände, einen ihrer Interessensvertreter/innen in die Arbeitsgruppe wählen zu lassen. Das wäre aus Sicht zahlreicher NGOs fatal. Denn die Arbeitsgruppe soll ein Expertengremium sein, kein »Multi-Stakeholder-Forum«, in das die verschiedenen Interessensgruppen ihre Vertretungen entsenden. Die Arbeitsgruppe hat leider kein Mandat zur Behandlung konkreter Einzelfälle erhalten, wie dies andere Sondermechanismen der UN durchaus haben. Sie hat jedoch einen gewissen Gestaltungsspielraum was die Frage angeht, inwieweit sie sich mit konkreten Situationen vor Ort und den Schicksalen der (potenziellen) Opfer von Menschenrechtsverletzungen befassen wird. Eine entscheidende Frage ist: Wird sich die Arbeitsgruppe auf die Bekanntmachung der *Guiding Principles*, auf deren praktische Umsetzung und die Sammlung von *best practice* Beispielen beschränken oder wird sie auch die bestehenden Lücken im *Ruggie-Framework* und den *Guiding-Principles* in den Blick nehmen und offen sein für die Weiterentwicklung internationaler Rahmenrichtlinien zur Unternehmensverantwortung? Letzteres ist aus Sicht zahlreicher NGOs dringend nötig. Die Arbeitsgruppe sollte zumindest die Tür für eine mögliche – sicher langfristig zu entwickelnde – UN-Konvention zur menschenrechtlichen Verantwortung von Unternehmen offen halten.

OECD-Leitsätze für multinationale Unternehmen

Die OECD-Leitsätze gelten als das derzeit am weitesten reichende Instrument zur Stärkung der globalen Unternehmensverantwortung. Die Leitsätze sind Regierungsvorgaben zur Einhaltung von Menschenrechten, Arbeits- und Sozialstandards, zu Umweltschutz, Korruptionsbekämpfung, Verbraucherschutz, zur Offenlegung von Informationen, zu Wettbewerb und Steuerfragen sowie Technologietransfer. Sie stehen an der Schnittstelle zwischen freiwilligen und verbindlichen Ansätzen, denn ihre Einhaltung ist zwar für Unternehmen freiwillig, für die Unterzeichnerstaaten sind die Leitsätze jedoch verbindlich. Sie gelten für alle 34 Mitgliedsstaaten der Organisation für wirtschaftliche Zusammenarbeit und Entwicklung (OECD) sowie acht weitere Unterzeichnerstaaten. Diese Länder müssen eine Nationale Kontaktstelle (NKS) einrichten, die die Leitsätze bekannt machen und ihre Einhaltung fördern soll. Missachten Unternehmen die Leitsätze, kann bei der jeweils zuständigen NKS eine Beschwerde vorgebracht werden. Die NKS hat dann die Aufgabe, den Fall zu prüfen, über Annahme oder Ablehnung zu entscheiden und – im Falle der Annahme – ein Vermittlungs- und Streitschlichtungsverfahren einzuleiten. »Durch die Beteiligung der Regierungen an diesem für Unternehmen rechtlich freiwilligen Instrument wird den OECD-Leitsätzen im Vergleich zu anderen Initiativen für Unternehmensverantwortung ein hoher normativer Verpflichtungscharakter zugeschrieben«, so Britta Utz in ihrer Bewertung der überarbeiteten Leitsätze 2011 (Utz, 2011, S. 2).

Die seit 1976 bestehenden Leitsätze wurden im Jahr 2000 sowie 2010/2011 grundlegend überarbeitet. 2000 hatten sich NGOs erfolgreich dafür eingesetzt, dass Menschenrechte erwähnt und die Verantwortung von Unternehmen für ihre Zulieferkette aufgenommen wurden. Insbesondere der letzte Punkt war in der Umsetzung immer wieder strittig. Seit der Überarbeitung im Jahr 2000 können Unternehmen auch zur Verantwortung gezogen werden, wenn sie außerhalb des Territoriums der OECD die Leitsätze verletzen. Mit anderen Worten: Die Leitsätze gelten seither für alle Unternehmen, die in einem OECD-Staat oder einem der anderen Unterzeichnerstaaten beheimatet sind, dann jedoch für deren weltweite Tätigkeit. Seit der Überarbeitung im Jahr 2000 können auch NGOs Beschwerden vorbringen.

Anlässlich ihres 50jährigen Bestehens stellte die OECD am 25. Mai 2011 in Paris die aktuell überarbeitete Fassung der Leitsätze vor. In einigen inhaltlichen Punkten wurden deutliche Verbesserungen erzielt: So enthalten die überarbeiteten Leitsätze nun ein eigenes Menschenrechtskapitel und fordern die Unternehmen auf, im Rahmen ihrer Sorgfaltspflicht auch die Einhaltung von Menschenrechten zu prüfen. Die Leitsätze orientieren sich an dieser Stelle in der Formulierung sehr stark an den oben genannten *Guiding Principles* der UN. Auch das Umweltkapitel wurde gestärkt. Es schreibt vor, dass Unternehmen Umweltauswirkungen verringern oder zumindest ausgleichen sowie über ihre Treibhausgasemissionen berichten sollen. Was in den neuen Leitsätzen leider fehlt, ist die Verankerung einer länderbezogenen Rechnungslegung für Unternehmen. Auch die Empfehlungen zur Berichterstattung über soziale und ökologische Aspekte bleiben hinter der bestehenden Praxis fortschrittlicher Unternehmen zurück (vgl.Germanwatch, 25. Mai 2011). Vor allem in Hinsicht auf prozedurale Fragen, einschließlich Arbeitsweise und Struktur der Nationalen Kontaktstellen, bleiben die Leitsätze in der überarbeiteten Form enttäuschend. »Die OECD-Länder haben die Chance verpasst, mit klaren Verfahrensregeln sicherzustellen, dass die OECD-Leitsätze zukünftig wirksamer werden. Die überarbeiteten Leitsätze bieten jedoch einen gewissen Spielraum für die Unterzeichnerstaaten. Nun kommt es auf eine ernsthafte und ambitionierte Umsetzung in Deutschland an, um den Spielraum etwa bei Fragen zum Peer-Review oder zu Konsequenzen bei einer Verletzung der Leitsätze zu nutzen«, so Klaus Milke, Vorstandsvorsitzender von Germanwatch in der genannten Pressemeldung der Organisation vom 25. Mai 2011.

Zahlreiche der seit dem Jahr 2000 vor allem von NGOs eingereichten OECD-Beschwerden betreffen die extraktiven Industrien. Die Beschwerden richten sich auch gegen einige Bergbauunternehmen, die in den Philippinen tätig sind, auch wenn die bisherigen Beschwerden offenbar die Tätigkeit dieser Unternehmen in anderen Ländern betreffen und es nur eine Beschwerde aus den Philippinen selbst zum Bergbausektor gegeben hat.[13] Im Juli 2011 rechte das argentinische *Center for Human Rights and Environment* (CEDHA) bei der Nationalen Kontaktstelle für die OECD-Leitsätze in Australien eine Beschwerde gegen *Xstrata Copper* ein. CEDHA wirft dem Unternehmen vor, dass seine Aktivitäten in zwei Bergbauprojekten in den argentinischen Anden negative Auswirkungen auf die dortigen Felsgletscher und den Wasserhaushalt der Region haben und das Unternehmen sich seiner Verantwortung nicht in angemessener Weise oder gar nicht stellt (CEDHA 2011).

Voluntary Principles on Security and Human Rights

Insbesondere im Bereich der extraktiven Industrien werden zum Schutz von Anlagen und des Personals immer wieder staatliche und private Sicherheitskräfte eingesetzt, die in Ausübung ihrer Tätigkeit friedliche Proteste gegen Erdölförderung oder Bergbau mit Gewalt niederschlagen und die Menschenrechte der in umliegenden Dörfern und Gemeinden lebenden Menschen verletzen. Immer wieder kommt es zu willkürlichen Verhaftungen, Misshandlungen, der Zerstörung von Häusern und Besitz oder gar zu Morden. Die Militarisierung von Erdöl- und Bergbauregionen ist ein weiteres Problem für die Zivilbevölkerung (vgl. Kapitel VII).

Vor diesem Hintergrund initiierten die Regierungen der USA und Großbritanniens im Jahr 2000 die Formulierung von »Freiwilligen Grundsätzen zur Wahrung der Sicherheit und der Menschenrechte« für Unternehmen der Rohstoffindustrie und des Energiesektors (*Voluntary Principles on Security and Human Rights*, kurz *Voluntary Principles*). An der Ausarbeitung waren auch Norwegen und die Niederlande beteiligt – alle vier also Länder, in denen große Erdölfirmen ansässig sind. Zudem wurden Unternehmen aus dem Energiesektor und NGOs mit besonderem Fokus auf Menschenrechte mit in den Prozess einbezogen. »Die Prinzipien sollen Unternehmen als Anleitung dienen, bei gleichzeitiger Sicherung ihrer unternehmerischen Tätigkeiten, die Einhaltung der Menschenrechte zu gewährleisten. Die gemeinsam erarbeiteten Grundsätze unterstützen Unternehmen bei der Identifizierung von Menschenrechtsverletzungen und Sicherheitsrisiken sowie bei der Kooperation mit staatlichen und privaten Sicherheitskräften«, so die Bertelsmann-Stiftung auf ihrer Website »CSR weltweit« (Bertelsmann-Stiftung, CSR-weltweit, 2011).

2007 erhielten die *Voluntary Principles* neue Kriterien für die Teilnahme, die ihre Relevanz und Wirkung verbessern sollten. Neben Erdöl- und Energieunternehmen sind auch namhafte Bergbauunternehmen den *Voluntary Principles* beigetreten, darunter AngloGoldAshanti, Barrick Gold, BHP Billiton und Rio Tinto. Kanada, Kolumbien und die Schweiz gehören inzwischen zu den teilnehmenden Staaten. Von NGO-Seite arbeiten unter anderem Amnesty International, Human Rights Watch, International Alert und Oxfam mit. Insgesamt ist die Zahl der Mitglieder nach wie vor gering (sieben Regierungen, 19 Unternehmen und zehn NGOs). Die Verbindlichkeit ist relativ niedrig. Ähnlich wie bei freiwilligen Verhaltenskodizes von Unternehmen, können die *Voluntary Principles* jedoch im Dialog mit den beteiligten Regierungen und Unternehmen zusätzliche und wertvolle Argumentationshilfen liefern. Denn immerhin haben die Mitglieder sich öffentlich auf die in den *Principles* festgelegten Standards verpflichtet und darauf, regelmäßig über deren Umsetzung zu berichten. Zu den Standards, deren Einhaltung die *Voluntary Principles* vorschreiben, gehören unter anderem die *UN Principles on the Use of Force and Firearms by Law Enforcement Officials* und der *UN Code of Conduct for Law Enforcement Officials*.[14] Während beide Standards auf Polizei, Militär und private Sicherheitskräfte anwendbar sind, greifen sie beim Einsatz von bezahlten Schlägertrupps oder Auftragsmördern jedoch zu kurz. Auf dieses Problem gehen die *Voluntary Principles* auch nicht ein.

Bei den Partnerorganisationen von Misereor gehen die Meinungen über die *Voluntary Principles* auseinander. Einige Partner arbeiten mit ihnen und halten sie für nützlich, zum Beispiel im Kontext der Ölförderung im Niger-Delta. Andere Partner halten sie für zu vage und unverbindlich, um sich ernsthaft auf sie zu berufen.

Zertifizierungen

Um Herkunft und Produktionsbedingungen eines Rohstoffes für die verarbeitende Industrie, Regierungen und Konsument/innen offenlegen zu können, gibt es immer mehr Ansätze zur Zertifizierung von Rohstoffen. Eine der bekanntesten dieser Initiativen ist der Kimberley-Prozess, der mit Hilfe staatlicher Herkunftszertifikate den Handel mit »Blutdiamanten« unterbinden soll.

Auch die Bundesanstalt für Geowissenschaften und Rohstoffe (BGR) ist im Auftrag der Bundesregierung mit der Frage der Zertifizierung von Rohstoffen und deren Handelswegen befasst. In dreijähriger Arbeit entwickelte sie den *Coltan-Fingerprint*, der die Zertifizierung von Coltan-Handelsketten technisch möglich macht. Nach Auskunft der BGR ist das von ihr entwickelte Verfahren das weltweit erste dieser Art. Mit dem illegalen Abbau von Rohstoffen, darunter vor allem das Tantalerz Coltan, finanzieren Rebellengruppen im Osten der Demokratischen Republik Kongo seit Jahren einen blutigen Bürgerkrieg. Ein von den Vereinten Nationen angeregtes Zertifizierungssystem soll illegal gehandelte Bodenschätze vom Weltmarkt ausschließen. An der Entwicklung eines solchen Systems will die BGR mit dem vom Bundesministerium für wirtschaftliche Zusammenarbeit und Entwicklung (BMZ) finanzierten Projekt einen Beitrag leisten. Im Fokus des Pilotprojektes standen die DR Kongo und seine Nachbarstaaten, die inzwischen einen Anteil von rund 50 Prozent an der Welttantalproduktion haben. »Elektronikindustrie und Tantalverarbeiter sind an zertifizierten Materialien sehr interessiert. Sie wollen nicht länger mit dem Begriff »Blut-Coltan« in Verbindung gebracht werden«, so der BGR Rohstoffexperte Dr. Frank Melcher. Er sieht daher gute Chancen für zertifizierte Handelsketten im Bereich der mineralischen Rohstoffe.[15] Doch es existieren praktische Schwierigkeiten in einer von Konflikten geprägten Region überhaupt die entsprechenden Minen zu erreichen und sicherzustellen, dass nicht an einem Tag »legal«, am nächsten wieder »illegal« abgebaut wird (vgl. Zeit Magazin 2011, S. 16–23). Die Frage ist auch, wie sichergestellt werden kann, dass ein solches Zertifikat die Kleinschürfer/innen nicht über Gebühr belastet. Ein großer Teil des Bergbaus in der DR Kongo und dem Nachbarstaat Ruanda erfolgt – ähnlich wie vor allem der Goldabbau in einigen Regionen der Philippinen – durch die Arbeit von Kleinschürfer/innen und im Kleinbergbau.

Das genannte Pilotprojekt zur Zertifizierung von Tantal/Coltan ergänzt die Arbeit eines weiteren BGR-Projektes, das vom BMZ sowie vom Bundesministerium für Wirtschaft und Technologie (BMWi) gefördert wird. Dieses Projekt hat konkret die Zertifizierung von Handelsketten für Tantalerze in Ruanda zum Ziel. Partner bei diesem Projekt ist der Geologische Dienst Ruandas (OGMR). Ziel ist es, eine transparente, faire und nachhaltige Rohstoffwirtschaft in Konfliktregionen zu unterstützen. Wichtigster Bestandteil des Verfahrens sind der Herkunftsnachweis und eine Überprüfung des Handelsvolumens der mineralischen Rohstoffe Zinn, Wolfram- oder Tantalerze. Gleichzeitig soll die Einhaltung von sozialen und ökologischen Mindeststandards bei der Rohstoffgewinnung gefördert werden.[16] Das Projekt geht zurück auf eine Initiative der G8-Staaten, die auf ihrem Gipfel in Heiligendamm im Juni 2007 ihre Unterstützung für eine Pilotstudie zur Zertifizierung mineralischer Rohstoffe zugesagt hatten.[17]

Zertifizierungen können unter bestimmten Bedingungen ein geeignetes Mittel sein, um die Herkunft eines Rohstoffes sichtbar zu machen und Abbaubedingungen zu verbessern. Allerdings haben solche Zertifizierungsverfahren auch ihre Grenzen. In der Regel werden sie vor allem dort zum Tragen kommen, wo bei den Abnehmern der Wunsch besteht, mögliche Rufschädigungen zu vermeiden. Zertifizierungen, wie auch Label, sollten vorrangig als ein Mittel der Kennzeichnung eines herausgehobenen Standards verwendet und weiterentwickelt werden, nicht aber extensiv als Kennzeichen für die Achtung grundlegender Rechte Verwendung finden.

Transparenz – ein Mittel zum besseren Schutz von Menschenrechten und zur Armutsbekämpfung?

Durch Kapitalflucht, Geldwäsche, illegale Gewinnverlagerungen und falsch deklarierte Import- und Exportpreise gehen den ärmeren Ländern jedes Jahr viele Milliarden an Einnahmen verloren. Es liegt in der Natur der Sache, dass über solche Transaktionen keine genauen Zahlen vorliegen. Doch es gibt Berechnungsmodelle, die zumindest die Größenordnung erahnen lassen. Demnach gingen den Philippinen zwischen 2000 und 2008 im Durchschnitt durch illegale Finanzabflüsse mehr als zwölf Milliarden US-Dollar pro Jahr verloren. Die britische NGO Christian Aid hat berechnet, dass den Ländern des Südens allein durch die Manipulation von Import- und Exportpreisen pro Jahr rund 160 Milliarden US-Dollar an Steuereinnahmen entgehen (Martens und Obenland 2011, S. 31–33). Dennoch sind Steuertransparenz und Steuerehrlichkeit bis heute ein blinder Fleck in der Agenda der Unternehmensverantwortung.

Durch Kapitalflucht und Steuervermeidung entziehen korrupte Eliten und transnational agierende Unternehmen den Staaten nicht nur dringend benötigte Ressourcen, sondern »behindern auch die politische Steuerungsfähigkeit der Regierungen, vergrößern durch ihre skrupellose Bereicherung die Kluft zwischen Arm und Reich und unterminieren den Ausbau von *good governance*« (Martens und Obenland 2011, S. 33). Damit behindern sie letztlich auch die Achtung, den Schutz und vor allem die Gewährleistung der Menschenrechte.

Länderbezogene Rechnungslegungspflichten

Länderbezogene Rechnungslegungspflichten für Unternehmen könnten einen wichtigen Beitrag leisten, an dieser Situation etwas zu ändern. Sie wären eine große Hilfe für zivilgesellschaftliche Organisationen weltweit, die sich für mehr Transparenz der Zahlungsflüsse im extraktiven Sektor einsetzen. Denn es würde zum einen offensichtlich, welche Einnahmen die Regierungen aus dem Rohstoffbereich haben. Dies würde die zivilgesellschaftliche Kontrolle öffentlicher Haushalte stärken. Wer die Höhe der Einnahmen kennt, kann auch die rechtmäßige Verwendung der Mittel einfordern; zum Beispiel für Gesundheits- und Bildungsprogramme oder für Infrastrukturmaßnahmen, die der ländlichen Bevölkerung und den städtischen Armen zugutekommen. Zum anderen würden verpflichtende Angaben von Umsätzen und Gewinnen, gezahlten Steuern, der Zahl der Angestellten und bei Rohstoffunternehmen der Volumina der geförderten Rohstoffe für jedes Land problematische Transaktionen – etwa über Steueroasen – sichtbar machen. Die Zahlen dafür liegen in den Unternehmen vor (vgl. Stoll, 2010, S. 3).

Am 21. Juli 2010 unterzeichnete Präsident Obama in den USA den sogenannten *Dodd-Frank Wall Street Reform and Consumer Protection Act*. Zu den Zielen dieses neuen US-Gesetzes gehören die Förderung der Finanzstabilität, die Verbesserung der Rechenschaftspflicht und die Erhöhung der Transparenz im Finanzsystem. Das 850 Seiten starke Dokument schreibt im Abschnitt 1504 vor, dass US-amerikanische und ausländische Firmen, die bei der *US Security and Exchange Commission* (SEC) registriert sind, offenlegen müssen, wie viel sie Regierungen für den Zugang und den Abbau von Erdöl, Erdgas und anderen Bodenschätzen zahlen. Die Zahlen müssen auf Länder- und Projektbasis veröffentlicht werden. Darunter fallen nicht nur die Zahlungen an ausländische Regierungen sondern auch jene an die US-Regierung. Auch auf europäischer Ebene wird über verbindliche Transparenzvorgaben diskutiert. Verbindliche Transparenzvorschriften auf EU-Ebene nach dem Vorbild des *Dodd-Frank Act* werden von einer wachsenden Zahl europäischer Regierungen unterstützt, unter anderem den Regierungen Frankreichs und Großbritanniens. Auch Vertreter/innen der deutschen Regierung haben Zustimmung signalisiert. Das Hauptziel des Abschnitts 1504 des *Dodd-Frank Act* und entsprechender EU-Regeln, ist die Bekämpfung der Korruption im Rohstoffsektor.

Auch der *International Accounting Standards Board* (IASB) diskutiert zurzeit, ob ein neuer Standard für extraktive Industrien in die Rechnungslegungspflichten aufgenommen werden soll. Die Anwendung der Standards des IASB ist in mehr als 100 Ländern vorgeschrieben oder wird zumindest als gängige Praxis akzeptiert.[18] Eine Aufnahme länderbezogener Rechnungspflichten in diesen Standard wäre ein großer Schritt nach vorne.

Extractive Industries Transparency Initiative und die Publish What You Pay Kampagne

Die beiden bekanntesten Initiativen für mehr Transparenz im Rohstoffsektor sind die zivilgesellschaftliche Kampagne *Publish What You Pay* (PWYP) und die von Regierungen ins Leben gerufene *Extractive Industries Transparency Initiative* (EITI).

Publish What You Pay (»Legt offen, was ihr zahlt«) wurde 2002 von NGOs im angelsächsischen Raum gegründet. Heute hat PWYP Mitglieder in 60 Ländern der Welt; in 31 davon haben sich nationale Netzwerke zusammengeschlossen. Am stärksten ist die Kampagne nach wie vor in Afrika. Einzelne Mitgliedsorganisationen gibt es auch in Australien, Bangladesch und in den Philippinen; nationale Koalitionen im asiatischen Raum haben sich in Kambodscha, Indonesien, Papua-Neuguinea und in Osttimor zusammengeschlossen.

Die Kampagne fordert die Transparenz der Zahlungsflüsse zwischen Rohstoffunternehmen und Regierungen. PWYP sieht die Unternehmen in der Pflicht, jegliche Zahlungen an Regierungen und andere öffentliche Institutionen offen zu legen,

Der Zugang zu den Minen ist begrenzt. Was sich in den Gebieten abspielt ist meistens genauso unbekannt, wie die Finanzierung des Abbaus.
Foto: M. Domes

insbesondere Steuern, Förderabgaben, Lizenzgebühren und Prämien. Dies ist nach Ansicht von PWYP eine Voraussetzung, um die demokratische Überprüfung der staatlichen Haushalte durch die Parlamente und zivilgesellschaftliche Organisationen zu ermöglichen. Insbesondere aufgrund der wachsenden Mitgliedschaft von Organisationen aus Afrika, Asien und Lateinamerika wurde die ursprüngliche Forderung der Kampagne nach Offenlegung der Zahlungen von Unternehmen um Forderung an die Politik erweitert. So fordert das Bündnis die Offenlegung der Einnahmen (»*publish what you earn*«) und die Verwendung der Mittel (»*publish how you spend it*«) durch die Regierungen. Des Weiteren setzt die Kampagne sich dafür ein, dass auch die in der Regel geheim gehaltenen Inhalte der Verträge zwischen Regierungen und Rohstoffunternehmen offengelegt und Verhandlungen über Lizenzverträge transparent geführt werden.[19]

Beim Gipfel für nachhaltige Entwicklung in Johannesburg 2002 stellte dann die britische Regierung unter Tony Blair die *Extractive Industries Transparency Initiative* der Öffentlichkeit vor. EITI greift das grundsätzliche Anliegen von PWYP auf, Transparenz in der Rohstoffindustrie herzustellen. Transparenz wird als erster wichtiger Schritt angesehen, um das Potenzial dieses Industriezweiges für die Entwicklung der rohstoffreichen Länder zu nutzen. Zentrale Aspekte des EITI-Prozesses sind:

- die Freiwilligkeit des Prozesses (freiwilliger Beitritt der Rohstoffländer zu EITI);[20]
- die Offenlegung der Zahlungen der Unternehmen und der Einnahmen der Regierung;
- die Überprüfung der Zahlen durch ein unabhängiges Auditierungsunternehmen;
- die regelmäßige Veröffentlichung der EITI-Berichte in einer verständlichen Sprache;
- die Beteiligung der Zivilgesellschaft und der Unternehmen an der Umsetzung von EITI in den jeweiligen Ländern.

Anders als PWYP ist EITI eine »Multi-Stakeholder-Initiative«, in der Regierungen, Nichtregierungsorganisationen, Unternehmen der extraktiven Industrie sowie Unternehmen aus anderen Branchen, Investoren und internationale Organisationen und Finanzinstitute zusammenarbeiten. Zu den unterstützenden Organisationen, die auf der Website der Initiative genannt sind, gehört neben der Weltbank, dem Internationalen Währungsfonds und den regionalen Entwicklungsbanken auch die KfW-Bankengruppe.[21] Zurzeit (Stand: Juli 2011) sind 35 Rohstoffländer Mitglied von EITI, weitere 17 Länder unterstützen die Initiative. Mitgliedsländer sind hauptsächlich rohstoffreiche Länder aus Afrika, wenige aus Asien und Lateinamerika. Die Unterstützerländer sind hauptsächlich europäische Staaten, darunter auch Deutschland, sowie die USA, Australien und Kanada. Als bisher einziges rohstoffreiches Industrieland hat Norwegen inzwischen den Schritt vom Unterstützer- zum Umsetzungsland gemacht. Gemeinsam mit fünf weiteren Ländern wurde Norwegen im Rahmen eines »Validierungsprozesses« inzwischen vom EITI-Vorstand bescheinigt, dass es die Anforderungen der Initiative in vollem Umfang erfüllt und damit den »*compliant-status*« erhalten hat. Die meisten anderen Länder erfüllen die Kriterien nicht in vollem Umfang und gelten daher als »Kandidaten-Länder« (www.eiti.org sowie Feldt, Müller 2011, S. 8).

Da die Philippinen der Initiative nicht angehören, sind Bergbauunternehmen, die in den Philippinen tätig sind, auch nicht verpflichtet, ihre Zahlungen an die Regierung offenzulegen. Für Xstrata zum Beispiel besteht eine solche Verpflichtung im Hinblick auf seine Aktivitäten auf den Philippinen also nicht. Seine Zahlungen an die peruanische Regierung hingegen muss das Unternehmen offenlegen, da Peru EITI-Mitglied ist.

Eine von Misereor, Global Policy Forum Europe und Brot für die Welt herausgegebene Zwischenbilanz von EITI in der zentralafrikanischen Region zeigt, dass die Initiative dort dazu beigetragen hat, die Erlöse aus der Erdölförderung und dem Bergbau zum Gegenstand gesellschaftlicher Diskussion zu machen. EITI hat zivilgesellschaftliche Gruppen ermutigt, diese Themen aufzugreifen und die finanziellen Abläufe in dem Sektor besser zu verstehen. Zum ersten Mal in der Geschichte der untersuchten zentralafrikanischen Länder wurden Zahlen über die Einnahmen aus dem Rohstoffsektor veröffentlicht. Dies wird als ein großer Fortschritt gesehen. Zugleich weist die Zwischenbilanz aber auch auf die Grenzen von EITI hin und formuliert Empfehlungen zur Weiterentwicklung der Transparenzregelungen im Rohstoffsektor – sowohl innerhalb als auch außerhalb des EITI-Prozesses (vgl. Feldt, Müller 2011).

Zur Transparenz und Bedeutung privater und öffentlicher Banken

Deutsche Banken sind als Kreditgeber und Finanzdienstleister auf vielfältige Weise im internationalen Bergbaugeschäft aktiv (vgl. Kapitel IX). Allerdings spielen sie dort, verglichen mit Banken aus den USA und Großbritannien, eine weniger prominente Rolle, als es zum Beispiel im Erdöl- und Erdgasgeschäft der Fall ist. Wie Recherchen der niederländischen Organisation Profundo aus dem Jahr 2008 ergeben haben, waren in der Zeit von 2003 bis 2008 immerhin 14 deutsche Finanzinstitute an Kredit- und Wertpapiergeschäften mit mindestens 22 internationalen Bergbaufirmen, die in Afrika, Südostasien und Lateinamerika tätig waren, beteiligt (van Gelder und Kroes 2008). Lediglich die Hälfte dieser Firmen stand auf der Liste der Unterstützer von EITI. Mit Abstand am aktivsten war in diesem Zeitraum die Deutsche Bank, die mit 17 der 22 Firmen Geschäften tätigte, darunter BHP Billiton, Freeport McMoran, Glencore und Xstrata. Unter den öffentlichen Finanzinstituten war vor allem das Engagement der WestLB und der KfW bemerkenswert. Sie spielten vor allem bei der Projektfinanzierung für kleinere Bergbaufirmen eine wichtige Rolle, während bei den privaten Banken das Engagement weniger in der Finanzierung konkreter Projekte, sondern stärker im Bereich der Unternehmensfinanzierung zu finden war. So waren deutsche Banken als Finanziers an fast allen Megafusionen, die im untersuchten Zeitraum im globalen Bergbausektor stattfanden, beteiligt (vgl. Global Policy Forum Europe, Misereor, Brot für die Welt, 2008, S. 28–29).

Grundsätzlich unterliegen private Banken und Kreditinstitute in Deutschland den gleichen Berichts- und Offenlegungspflichten wie alle übrigen Unternehmen der Privatwirtschaft. All diese Pflichten dienen jedoch dem Schutz der Anleger und sollen die Integrität der Finanzmärkte gewährleisten. Sie folgen damit einer grundsätzlich anderen Logik als die Transparenzanforderungen, die zur Korruptionsbekämpfung und zur Offenlegung der Zahlungsflüsse im Rohstoffsektor formuliert werden. Trotz der Vielzahl gesetzlicher Vorschriften für den Finanzsektor gibt es daher keine Regelung, die von Banken die Offenlegung ihrer Finanzflüsse an einzelne Unternehmen oder Regierungen verlangt. Begründet wird dies in der Regel mit dem Bankengeheimnis.[22]

Einige der großen Banken, wie die Deutsche Bank, sind Mitglied im *Global Compact* der Vereinten Nationen und haben sich den oben genannten zehn Prinzipien verpflichtet. Auch Verhaltenskodizes einzelner Banken nehmen Bezug auf Umweltstandards und Menschenrechte. Die NGO Urgewald informiert in ihrer Studie »Neue Banken braucht das Land« über positive Entwicklungstendenzen im Bereich Umwelt- und Sozialstandards bei Banken. Die Studie ist auf einige Sektoren und Querschnittsthemen fokussiert, wie unter anderem die Themen Wälder, Bergbau, Dämme, Indigene, Menschenrechte und Transparenz. Urgewald kommt zu dem Schluss, dass es zwar Fortschritte gibt, dass jedoch noch keine Bank über ein vorbildliches und verlässliches ökologisches und soziales Risikomanagement verfügt und unterbreitet in der Studie konkrete Reformvorschläge (vgl. Happe 2009).

Einige Banken, die auch Projekte in der Bergbauindustrie finanzieren, haben sich in freiwilligen Leitlinien, den *Equator Principles*, zur Beachtung von Umwelt- und Sozialstandards in der Projektfinanzierung verpflichtet. Die Prinzipien wurden zuerst im Juni 2003 und in überarbeiteter Fassung im Juli 2006 veröffentlicht. Sie orientieren sich stark an den Richtlinien der *International Finance Corporation* (IFC) für soziale und ökologische Nachhaltigkeit.[23] Inzwischen sind 72 Banken Mitglied der *Equator Principles*, darunter vier aus Deutschland: die DekaBank, KfW IPEX Bank, UniCredit und die WestLB. Die Deutsche Bank sucht man vergeblich unter den Mitgliedern. Nach der aktuellen Überarbeitung der entsprechenden IFC Standards sind auch die *Equator Principles* seit Juli 2011 in eine erneute Überarbeitungsphase eingetreten. Zu den Themen, die im Rahmen der Überarbeitung behandelt werden sollen, gehören unter anderem die Frage nach der Reichweite der Equator Principles und die Frage ob eine vorsichtige Ausweitung über Projektfinanzierungen hinaus auch auf Unternehmensfinanzierungen sinnvoll und machbar ist sowie die Frage nach Berichtspflichten und Transparenz.[25]

Der Blick nach vorne:
Wie können die bestehenden »Regulierungslücken« geschlossen werden?

Neben den nationalen Rechtsordnungen muss vor allem das internationale Menschenrechtssystem gestärkt werden, damit es effektiven Schutz bietet, wenn einzelne Staaten nicht willens oder in der Lage sind, Menschenrechtsverletzungen oder Umweltdelikte, die von transnationalen Unternehmen begangen werden, zu kontrollieren und zu sanktionieren. Probleme, die ursächlich mit einer einseitig verstandenen und vorangetriebenen wirtschaftlichen Globalisierung zusammenhängen, werden sich letztlich nicht allein nationalstaatlich lösen lassen.

Die genannten UN-Leitprinzipien zum Thema Wirtschaft und Menschenrechte bieten gute Ansätze zur Prävention von Menschenrechtsverletzungen durch Unternehmen, ebenso wie andere vorgestellte Initiativen oder neue Gesetze, darunter der *Dodd-Frank-Act*. Menschenrechtsverletzungen durch Unternehmen zu verhindern, ist in jedem Fall das vorrangige Ziel. Dort, wo solche Menschenrechtsverletzungen aber nicht verhindert wurden, muss es einen deutlich verbesserten Zugang der Opfer zu Recht, Gerechtigkeit und Wiedergutmachung geben.

Am Beispiel Philippinen wird deutlich, welche Möglichkeiten zur Stärkung der Rechte der (potenziellen) Opfer es gibt. So hatte Raymond Salas von der Organisation Saligan, einer Mitgliedsorganisation des Philippine Misereor Partnership, in seiner mündlichen Stellungnahme bei einer Anhörung des oben genannten UN-Sonderberaters John Ruggie im Oktober 2009 in Genf auf die Möglichkeit und Bedeutung der Umkehr der Beweislast hingewiesen.[24] Im Falle einer Menschenrechtsverletzung durch ein Unternehmen sind es in der Regel die Opfer, die dem Unternehmen die Schuld nachweisen müssen. Nur *ein* Beispiel: In vielen Ländern und Regionen ist es gängige Praxis, dass Transnationale und andere große Unternehmen die Pestizide, die auf ihren Plantagen zum Einsatz kommen, per Flugzeug aus der Luft versprühen. Dabei werden immer wieder nahe gelegene Dörfer, Häuser oder Anbauflächen von Kleinbäuerinnen und -bauern mit besprüht. Selbst Familien, die gerade vor ihren Häusern beim Essen sitzen, sind davor nicht gefeit. Wenn diese Menschen aufgrund solcher Einsätze Gesundheitsschäden erleiden, sind es in der Regel die betroffenen Opfer, die dem Unternehmen nachweisen müssen, dass die Verletzung ihres Rechtes auf Gesundheit, auf Nahrung oder auf sauberes Trinkwasser auf genau diese eingesetzte Substanz und deren Einsatz per Flugzeug zurückzuführen ist. Dieser Nachweis ist häufig sehr schwer zu führen und die notwendigen medizinischen Untersuchungen sind kostspielig. Wie sollen Menschen, die oft noch nicht einmal regelmäßigen Zugang zu einem Arzt und medizinischer Grundversorgung haben, einen solchen Nachweis erbringen? Eine Umkehr der Beweislast würde ihre Position erheblich stärken. Im April 2010 hat der Oberste Gerichtshof der Philippinen den Weg hierfür in bestimmten Fällen geebnet. So wurde das »Vorsorgeprinzip« (*precautionary principle*) als Bestandteil der Umweltgesetzgebung eingeführt. Demnach sind Maßnahmen zu ergreifen, die verhindern, dass menschliche Aktivitäten die Gefahr der Verursachung irreversibler Schäden zur Folge haben. Die REACH-Verordnung der Europäischen Union zur Registrierung, Bewertung, Genehmigung und Kontrolle von Chemikalien zielt ebenfalls in diese Richtung.[26] Selbst das deutsche Arzthaftungs- und Produkthaftungsrecht sehen eine Beweislastumkehr vor. Für schwere Menschenrechtsverletzungen durch Unternehmen wäre eine Beweislastumkehr nach dem Muster solcher bereits bestehender Regelungen durchaus denkbar.[27]

Eine besondere Herausforderung stellt der Schutz der Rechte Indigener Völker dar. In vielen Ländern sind sie vom Bergbau häufiger als andere und in besonderer Weise betroffen. Zu Zeiten der Kolonialisierung wurden Indigene Völker häufig in genau die abgelegenen und schwer zugänglichen Gebiete verdrängt, die nun für Erdölförderung oder, wie im Falle der Philippinen, für den Bergbau erschlossen werden sollen. Doch für diese Gebiete besitzen sie häufig keine formalen Titel und Besitzrechte. Selbst dort, wo diese vorhanden sind, werden sie mit Tricks oder unter Druck zum Verkauf oder zur Aufgabe ihrer Rechte gezwungen. Eine Aufgabe angestammter Gebiete ist für viele Indigene Gemeinschaften aus Gründen der engen kulturellen und religiösen Bindung aber nicht oder nur sehr schwer möglich. Deshalb sind die Rechte Indigener Völker in besonderer Weise geschützt. So schreiben unter anderem die Konvention 169 der ILO und die Erklärung der Vereinten Nationen über die Rechte der indigenen Völker deren Recht auf freie, vorherige und informierte Zustimmung (*free, prior and informed consent*; kurz: FPIC) vor. »Indigene Völker dürfen nicht zwangsweise aus ihrem Land oder ihren Gebieten ausgesiedelt werden. Eine Umsiedlung darf nur mit freiwilliger und in Kenntnis der Sachlage erteilter vorheriger Zustimmung der betroffenen Indigenen Gemeinschaften und nach Vereinbarung einer gerechten und fairen Entschädigung stattfinden, wobei nach Möglichkeit eine Option auf Rückkehr bestehen muss« (Art. 10, Erklärung der Vereinten Nationen über die Rechte der indigenen Völker). Dieses Recht auf den FPIC ist in den Philippinen sogar in der Verfassung und im *Indigenous Peoples Rights Act* (IPRA) verankert. Dass die Umsetzung an vielen Stellen mangelhaft oder sogar kontraproduktiv zum Ziel und der Idee des FPIC ist, belegt der Beitrag von Mario E. Maderazo in diesem Buch (vgl. Kapitel VIII).

Im Sinne der *due diligence* Anforderungen, wie sie in den OECD-Leitsätzen für multinationale Unternehmen und in den von John Ruggie entwickelten UN-Prinzipien formuliert sind, müssen sich gerade Unternehmen des extraktiven Sektors des Risikos bewusst sein, durch ihre Aktivitäten die Rechte Indigener Gemeinschaften zu verletzen und entsprechende Vorsorge treffen, dass dies nicht geschieht. Immer noch beteiligen und fördern jedoch große Unternehmen häufig Menschenrechtsverletzungen an Indigenen Gemeinschaften, nehmen sie billigend in Kauf und profitieren von ihnen. Für die Unternehmen ist es an der Zeit, ihre Verhandlungsführung so zu gestalten, dass Indigene Gemeinschaften eine echte und faire Chance der Beteiligung an Entscheidungen erhalten bevor diese getroffen werden. Auch Banken stehen in der Pflicht, vor Entscheidungen über die Finanzierung von Projekten oder Unternehmen solche Dinge zu prüfen.

»Lasst uns sicherstellen, dass die Entwicklung von einigen nicht zum Nachteil für die Menschenrechte von anderen führt«, so Navi Pillay anlässlich des internationalen Tages der Indigenen Gemeinschaften der Welt am 9. August 2011.[28] Treffender lässt sich die Herausforderung, Bergbau auf den Philippinen, mit den Menschenrechten der in Armut lebenden Bevölkerung in Einklang zu bringen, kaum formulieren.

Anmerkungen

1 Zu den Schwächen und Grenzen des bisherigen Risikomanagements durch Unternehmen und des *Corporate Social Responsiblity*-Ansatzes vgl. Saage-Maaß, Müller-Hoff 2011, S. 28–32
2 Grundlage für diese ersten beiden Prinzipien sind die Allgemeine Erklärung der Menschenrechte und die entsprechenden UN-Menschenrechtskonventionen zu deren völkerrechtlich verbindlicher Konkretisierung, insbesondere der Internationale Pakt über bürgerliche und politische Rechte (kurz: Bürgerrechtspakt) sowie der Internationale Pakt über wirtschaftliche, soziale und kulturelle Rechte (kurz: WSK-Pakt oder auch Sozialpakt genannt).
3 basierend auf den ILO-Kernarbeitsnormen.
4 basierend auf der »Erklärung von Rio«.
5 Zum Wortlaut der 10 Global-Compact Prinzipien, den Mitgliedern, der Funktionsweise etc. s.: www.unglobalcompact.org. Die UN-Konvention gegen Korruption wurde von Deutschland – offenbar aufgrund von Widerständen aus dem Parlament – bislang noch nicht ratifiziert. Dem Ansehen und der Glaubwürdigkeit Deutschlands ist dies im Kampf um die weltweite Bekämpfung der Korruption sehr abträglich.
6 www.unglobalcompact.org, zuletzt besucht am 23.8.2011
7 Eine Unterkommission der damaligen UN-Menschenrechtskommission. Letztere wurde nach einer Reform der UN inzwischen durch den UN-Menschenrechtsrat ersetzt. Die oben genannte Unterkommission wurde aufgelöst und durch einen beratenden Ausschuss (*Advisory Council*) ersetzt.
8 Der offizielle Titel lautet: »Sonderbeauftragter des UN Generalsekretärs zum Thema Menschenrechte und Transnationale Konzerne sowie andere Wirtschaftsunternehmen« (engl.: *Special Representative of the Secretary General on the issue of human rights and transnational corporations and other business enterprises*).
9 Human Rights Council, Report of the Special Representative of the Secretary-General on the issue of human rights and transnational corporations and other business enterprises, John Ruggie: Guiding Principles on Business and Human Rights: Implementing the United Nations »Protect, Respect and Remedy« Framework. A/HRC/17/31, 21 March 2011
10 Zu den Investitionsabkommen schreibt Ruggie in Abs. 12 seines Berichtes von 2008: »*Take the case of transnational corporations. Their legal rights have been expanded significantly over the past generation. This has encouraged investment and trade flows, but it has also created instances of imbalance between firms and States that may be detrimental to human rights. The more than 2,500 bilateral investment treaties currently in effect are a case in point. While providing legitimate protection to foreign investors, these treaties also permit those investors to take host States to binding international arbitration, including for alleged damages resulting from implementation of legislation to improve domestic social and environmental standards – even when the legislation applies uniformly to all business, foreign and domestic. A European mining company operating in South Africa recently challenged that country's black economic empowerment laws on these grounds.*« (A/HRC/8/5, 2008, Abs. 12, S. 5)

11 Zum Beispiel müssen Kosten und Zeitrahmen kalkulierbar und überschaubar sein.
12 Das heißt die Opfer müssen über alle für sie relevanten Informationen verfügen und die Möglichkeit haben, sich zu entscheiden, welche Art der Wiedergutmachung sie anstreben oder welche Beschwerdemöglichkeit sie wählen.
13 Vgl. http://oecdwatch.org/cases (zuletzt besucht am 22.8.2011)
14 Eine gute Zusammenfassung von Ziel und Verfahren der Voluntary Principles findet sich auf www.csr-weltweit.de/initiativen-prinzipien/multi-stakeholder-initiativen/voluntary-principles-on-security-and-human-rights/index.nc.html. Zu Wortlaut der Prinzipien, Mitgliedschaft und Verfahren siehe auch www.voluntaryprinciples.org (zuletzt besucht am 22.8. und am 23.8.2011)
15 Vgl. http://www.deutsche-rohstoffagentur.de/DE/Themen/Min_rohstoffe/Projekte/Rohstoff-Forschung-abgeschlossen/LF_Herkunftrsnachweis_COLTAN_Newsletter01-2010.html (zuletzt besucht am 23.8.2011)
16 Vgl. unter anderem Bundesanstalt für Geowissenschaften und Rohstoffe, Pressemitteilung »BGR-Pilotprojekt in Ruanda: Transparenz, Sozial- und Umweltstandards durch Zertifizierung mineralischer Rohstoffe«, Hannover, 13.3.2009 (www.bgr.bund/de, zuletzt besucht am 23.8.2011)
17 Vgl. a. a. O. sowie Antwort der Bundesregierung auf die Kleine Anfrage der Abgeordneten Ute Koczy, Kerstin Müller (Köln), Margarete Wolf (Frankfurt) und der Fraktion BÜNDNIS 90/DIE GRÜNEN, Bundestagsdrucksache 16/4810 vom 23.3.2007
18 Hierzu und zu weiteren Details des Dodd-Frank-Act s.: Misereor, Global Policy Forum Europe, Brot für die Welt, Offenlegungspflichten von Rohstoffkonzernen im Dodd-Frank-Act, Hintergrundinformation, April 2011
19 Diese und weitere Informationen zu Entstehung, Forderungen und Arbeitsweise von PWYP s.: Misereor, Global Policy Forum Europe, Brot für die Welt, Mehr Transparenz für mehr Entwicklung. Rohstoffkonzerne und Regierungen in der Pflicht. Aachen, Bonn, Stuttgart, Juni 2007 sowie http://www.publishwhatyoupay.org/about/faqs (zuletzt besucht am 25.8.2011)
20 Hierin unterscheidet EITI sich grundsätzlich von PWYP, das die verpflichtende Offenlegung der Zahlungen durch die Unternehmen fordert. Mit dem Beitritt zu EITI übernimmt die jeweilige Regierung jedoch konkrete Pflichten zur Umsetzung der EITI-Anforderungen, die auch Auswirkungen auf die Pflichten der Unternehmen zur Offenlegung ihrer Zahlungen haben, wenn sie in dem EITI-Beitrittsland aktiv sind.
21 Vgl. www.eiti.org (zuletzt besucht am 25.8.2011) sowie Misereor, Global Policy Forum Europe, Brot für die Welt, Mehr Transparenz für mehr Entwicklung. Rohstoffkonzerne und Regierungen in der Pflicht. Aachen, Bonn, Stuttgart, Juni 2007
22 Ebd., S. 45
23 Misereor, Global Policy Forum Europe, Brot für die Welt, Transparenz beginnt zu Hause: Deutsche Unternehmen und Banken im Rohstoffsektor und die Transparenz der Zahlungsflüsse, Aachen, Bonn, Stuttgart, September 2008, S. 48
24 Teile der Stellungnahme wurden aufgenommen in: CIDSE (2010): Protect, Respect and Remedy: Keys for implementation and follow-up of the mandate. 3rd submission to the UN Special Representative on Business and Human Rights, Brussels, Oktober 2010, S. 12–13.

Die CIDSE ist ein internationales Netzwerk katholischer Entwicklungsorganisationen mit Sitz in Brüssel. MISEREOR ist eines der Mitglieder. Die CIDSE hat sich über mehrere Jahre hinweg gemeinsam mit Partnerorganisationen aus dem Süden aktiv in die Diskussion auf UN-Ebene eingebracht. Die Publikationen der CIDSE zum Thema sind zu finden unter: http://www.cidse.org/Area_of_work/BusinessAndHumanRights/?id=5

25 Vgl. http://www.equator-principles.com (zuletzt besucht am 23.8.2011)
26 CIDSE, October 2010, S. 12–13. Der Beitrag enthält noch weitere Informationen über die verbesserte Gesetzeslage auf den Philippinen. ist mit einem Fall befasst, in dem eine lokale Regierung auf Mindanao auf der Grundlage der bestehenden Gesetze das »*aerial spraying*« innerhalb ihres Zuständigkeitsbereiches verboten hatte. Das Unternehmen hätte, um die Technik dennoch anwenden zu dürfen, eine Ausnahmegenehmigung beantragen können. Um diese zu erhalten, hätte es aber den Nachweis erbringen müssen, dass sein Handeln keinen Schaden für die Anwohner/innen haben wird. Statt diesen Nachweis zu erbringen, hat das betroffenen Unternehmen jedoch entschieden, Berufung gegen die gerichtliche Entscheidung des lokal zuständigen Gerichtes gegen das *aerial spraying* einzulegen.
27 Saage-Maaß und Müller-Hoff 2011, S. 49–55
28 Navi Pillay, UN Hochkommissarin für Menschenrechte, in ihrem Statement am 5.8.2011, anlässlich des Internationalen Tages der Indigenen Völker (9.8.) Zitat im engl. Original: »*Let us ensure that development for some is not to the detriment of the human rights of others.*«

Die Geschichte des Bergbaus in den Philippinen

Von Michael Reckordt

Die Philippinen sind reich an Rohstoffen. Der Archipel liegt in Südostasien auf dem Pazifischen Feuerring. Geolog/innen vermuten Mineralienvorkommen mit einem geschätzten Wert zwischen 800 Milliarden und einer Billion US-Dollar. Unter neun von dreißig Millionen Hektar der Landesfläche sollen Rohstoffe liegen, davon fünf Millionen Hektar auf Territorien von Indigenen Gemeinschaften. Zudem wird vom Bergbau Land beansprucht, das mit knapp einem Drittel des verbliebenen Urwaldes bedeckt ist (vgl. Grabowski 2009).

Die Philippinen besitzen die drittgrößten Goldreserven, die viertgrößten Kupferreserven und die sechstgrößten Nickelreserven der Welt. Laut dem *Mines and Geosciences Bureau* (kurz: MGB) sind 482 Lizenzen für den Rohstoffabbau erteilt worden, die eine Gesamtfläche von über eine Million Hektar abdecken. 600.000 Hektar davon befinden sich auf Land, dass Indigene Gemeinschaften beanspruchen (Akbayan 2011).

Zahlen und Fakten zu Rohstoffvorkommen in den Philippinen

Die Philippinen fördern einen Anteil von 5,1 Prozent des weltweit produzierten Nickels, jeweils 1,6 Prozent des Chromits und Golds sowie 0,1 Prozent des Kupfers.

Der Gesamtwert der Mineralienproduktion lag im Jahr 2010 bei 2,3 Milliarden Euro. Im Jahr 2008 lag er noch bei 1,3 Milliarden Euro. Der Anstieg kann vor allem auf die höheren Rohstoffpreise auf den Weltmärkten zurückgeführt werden. Metallische Minerale machten 2010 77 Prozent des Gesamtwertes aus (1,8 Milliarden Euro). Davon entfielen unter anderem 63,5 Prozent auf Gold, 20,7 Prozent auf Nickel und 14,2 Prozent auf Kupfer. Die restlichen 1,6 Prozent entfielen auf Metalle wie Silber, Chromit oder Zink (Desiderio 2011).

Von neun Millionen Hektar – das entspricht knapp einem Drittel der Gesamtfläche – mit hohem Potential für den Abbau von Rohstoffen, sind im

Jahr 2011 nur für knapp drei Prozent der Fläche Bergbaukonzessionen vergeben worden (2005: 1,4 Prozent) und nur auf 0,32 Prozent wurde aktiver Abbau betrieben. Die Reserven betrugen 2005: Gold 3,057 Milliarden Megatonnen; Kupfer 2,968 Milliarden Megatonnen; Nickel 954 Millionen Megatonnen; Eisen 411 Millionen Megatonnen; Aluminium 292 Millionen Megatonnen und Chromit 19 Millionen Megatonnen (NEDA 2011; Triple I Consulting 2011).

Metalle aus den Philippinen nach Deutschland

Deutschland importiert keine großen Mengen an Rohstoffen direkt aus den Philippinen. Abgesehen von zehn Tonnen Tellur (Wert: 1,4 Mio. Euro), 199 Kilogramm Platinabfällen (Wert: 396.000 Euro), 218 Tonnen Silizium (Wert: 200.000 Euro), zwei Tonnen Kobalt (Wert: 82.000 Euro), sind es zudem geringere Mengen Nickel, Silber, Gold, Zink und Titan. Aber es ist realistisch, dass zahlreiche Rohstoffe aus den Philippinen nach der Weiterverarbeitung oder Veredelung in Form technischer Geräte oder als deren Bestandteil auf dem deutschen Markt landen.

(BGR, persönliche Kommunikation vom März 2011)

Von den Anfängen bis zur Ausbeutung durch die Kolonialmächte

Der Abbau von Rohstoffen ist in den Philippinen kein neues Phänomen. Als die Spanier im Jahr 1521 in den Philippinen landeten, fanden sie unter anderem Schmuck und andere Gegenstände aus Gold. Die historischen Nachweise über Förderung und Verarbeitung von Metallen reichen sogar bis 1000 n. Chr. zurück, als Filipin@s in Asien mit Gold als Ware und als Tauschmittel Handel betrieben. Vor allem die philippinischen Kordilleren im Norden der Hauptinsel Luzon (*Cordillera Administrative Region*; kurz: CAR) waren historisch bedeutsam für die Versorgung mit Gold. Der spanische Konquistador Juan de Salcedo kehrte 1574, nachdem er zuvor schon in Mindoro und Paracale Goldschürfern zu Tributzahlungen gezwungen hatte, mit 50 Pfund des wertvollen Metalls von einer Expedition aus der CAR zurück. Dies war der Beginn der Rohstoffausbeutung durch die Spanier.

Goldbergbau wurde ab dem 16. Jahrhundert von den spanischen Kolonialherren besteuert.[1] Diese Besteuerung sorgte dafür, dass durch die Abgaben die Kleinschürferei unrentabel wurde, sodass viele den Abbau des Goldes, den Handel und die Weiterverarbeitung im Laufe der spanischen Kolonialzeit reduzierten oder aufgaben. Nur wenige, wie die Indigenen Gemeinschaften der Igorot, ließen sich von den Spaniern nicht unterwerfen und widersetzten sich aktiv den Monopolen auf den Handel mit dem Metall. Erst im Jahr 1856 erlaubten die Igorot dem spanischen Unternehmen *Sociedad Minero-Metalurgica Cantabro-Filipina de Mancayan* mit Hilfe von 120 chinesischen Immigranten und einem mexikanischen Schmelzer im heutigen Mankayan den Kupferabbau.² Aufgrund von Ineffizienz wurde die Sociedad jedoch im Jahr 1875 wieder aufgegeben (Save the Abra River Movement 2004; S. 14f.).

Auf administrativer Ebene hatten vor allem die Gründung der *Inspeccion General de Minas* (IGM), einem Vorgänger des heutigen *Mines and Geosciences Bureau* im Jahr 1837 sowie die Einführung der *Regalian Doctrine* im Jahr 1846 weitreichende Folgen. Während die *Regalian Doctrine* die Enteignung des Besitzes der Indigenen Gemeinschaften erleichterte, da sie besagt, dass alle Ressourcen unter der Erdoberfläche dem Staat gehören, war die IGM der erste Versuch, Rohstoffe gezielter zu finden und auszubeuten.

Ende des 19. Jahrhunderts wechselte die Kolonialherrschaft von Spanien zu den USA. Letztere erlaubten allen US-amerikanischen und philippinischen Einwohner/innen auf Grundlage der *Philippine Bill of 1902* Rohstoffvorkommen in den Philippinen auszubeuten. Bergbaugebiete wurden ähnlich wie Patente vergeben und somit käuflich.³ Bis zum Jahr 1936 wurden circa 180 Bergbauunternehmen gegründet. Viele entstanden nachdem 1930 ein wahrer Goldrausch in den Philippinen ausbrach (vgl. UNDP und DENR (n.n.); S. 11f.). Wurde bisher traditionell

Steine und Erdbrocken werden in dieser Anlage zu feinem Sand verarbeitet und mit Hilfe von Chemikalien (wie Carbon, Zyanid und Quecksilber) wird das Gold extrahiert. Foto: L. Breininger

im »*Small Scale Mining*«[4] Verfahren abgebaut, setzte nun eine Industrialisierung des Ressourcenabbaus ein, da die Unternehmen verstärkt auf den Einsatz von Chemikalien und Maschinen setzten. Trotz der »Professionalisierung« durch die internationalen Konzerne, wird auch heute noch der Großteil der Goldproduktion von Kleinschürfer/innen gefördert (vgl. Abbildung 1: Jährliche Goldproduktion).

Abbildung 1: Jährliche Goldproduktion (in kg) in den Philippinen			
Jahr	Small Scale Mining	Large Scale Mining	Gesamt Produktion	Anteil Small Scale Mining in Prozent
1997	14.062	17.137	31.199	45,07
1998	19.859	14.179	34.038	58,34
1999	17.045	14.005	31.050	54,90
2000	21.193	15.347	36.540	58,00
2001	22.656	11.185	33.841	66,95
2002	27.993	7.855	35.848	78,09
2003	31.473	6.370	37.843	83,17
2004	29.473	5.991	35.464	83,11
2005	32.117	5.371	37.488	85,67
2006	29.361	6.780	36.141	81,24
2007	31.193	7.599	38.792	80,41
2008	28.198	7.370	35.568	79,28
2009	26.112	10.935	37.047	70,48

Quelle: Eigene Darstellung nach Ban Toxics! (2011; S. 20)

Konflikte zu Beginn des industriellen Bergbaus

Angetrieben durch die hohen Goldpreise und die steigende Nachfrage nach Kupfer, wurden von 1934 bis 1941 viele neue, große Abbaugebiete entwickelt. Doch schon zu der Zeit gab es die ersten Konflikte. Einige Indigene Gemeinschaften beklagten zum Beispiel, dass durch die tiefen Tunnel die Grundwasserversorgung zusammenbrach. Zudem war der Holzeinschlag zu groß und das Land für landwirtschaftliche Anbauflächen wurde knapp. 1937 kam es in Gumatdang, einem der ältesten Reis produzierenden Dörfer in der Gemeinde Itogon (Benguet Provinz, Luzon), zu einem dokumentierten Zwischenfall, als ein US-amerikanischer Konzern versehentlich durch Tunnelbohrungen das Bewässerungssystem der Reisbauern zerstörte. Die Reisfelder trockneten aus. Die Bauern beklagten ihren Verlust, doch das Unternehmen zahlte nur wenige Peso Entschädigung pro Reisfeld und legte einen neuen Teich erst im folgenden Jahr an. Das ist bei weitem nicht genug als Kompensation. 25 Jahre später, diesmal durch das Unternehmen *Benguet Cor-*

poration, war das Dorf von einem ähnlichen Unglück betroffen: wiederum wurden Reisfelder und damit die Nahrungsmittelgrundlage zerstört (Save the Abra River Movement 2004; S. 18 f.; vgl. Reese 2005, S. 196 f.).

Eines der Unternehmen aus dieser Zeit ist *Lepanto Consolidated Mining Company* (kurz: Lepanto). Es wurde am 21. September 1936 gegründet und existiert bis heute.[5] Das Unternehmen ist berüchtigt für seine Probleme mit den Rückhaltebecken, welche die toxischen Abfallschlämme aus der Gold- und Kupferproduktion zurückhalten. Der erste Damm wurde überhaupt erst in den 1960er Jahren gebaut. Zuvor sind alle Rückstände direkt in den Fluss geleitet worden. Spätestens seit den 1980er Jahren gibt es immer wieder Konflikte mit Anwohner/innen, da mehrfach Rückhaltebecken gebrochen sind und die giftigen Abfälle Gewässer und Felder verseuchten (vgl. Save the Abra River Movement 2004, S. 21 f.; Cordillera Peoples Alliance 2007, S. 7 f.).

Vom Boom zur Krise

Die *Atlas Mining Company* eröffnete in Cebu im Jahr 1965 die erste Prophyr-Kupfer Mine. Damit begann der sogenannte »moderne Bergbau« im Land. Obwohl Gold und Kupfer traditionell die wichtigsten Ressourcen waren, eröffneten in den 1970er Jahren mit der Nonoc Mine in Surigao del Norte und der Mine von Rio Tuba in Palawan zwei Nickelminen. Das Jahrzehnt gilt als die Hochphase des Bergbaus in den Philippinen, da darüber hinaus alte Goldminen wiederbelebt sowie neue Gold- und Kupferminen errichtet wurden (Israel 2010, S. 2).

> In den 1970er Jahren warb Diktator Marcos aggressiv für Investitionen aus dem Ausland, wie folgende Werbeanzeige aus dem *Forbes Magazine* von 1975 zeigt:
>
> *»To attract companies like yours, we have felled mountains, razed jungles, filled swamps, moved rivers, relocated towns … all to make it easier for you and your business to do business here«*
> (Philippinische Regierung; zitiert nach: Korten 1995).

Doch die Hochphase war nur von kurzer Dauer. Aufgrund der niedrigen Rohstoffpreise auf den Weltmärkten, der politischen Instabilität[6] und den für Unternehmen unrentablen Bedingungen, brach die Produktion von Mineralien in den 1980er und 1990er Jahren deutlich ein. Bis zum Jahr 1993 waren von den über 180 nur noch 16 Bergbauunternehmen übrig geblieben (Israel 2010, S. 2).

Keine Berge, keine Wälder, keine Flüsse, keine Menschen – Umsetzung der Werbeslogans aus den 1970er Jahren heute. Foto: D. Böhme

Von Seiten der internationalen Institutionen und der philippinischen Regierung wurde der Niedergang des Bergbausektors mit großer Besorgnis beobachtet. Ab Anfang der 1980er Jahr litt das Land aufgrund von Vetternwirtschaft und Korruption der Marcos Diktatur unter schwerwiegenden ökonomischen Problemen und musste sich dem *Strukturanpassungsprogramm* (SAP) des *Internationalen Währungsfonds* und der Weltbank unterwerfen. Dieses SAP hatte weitreichende Liberalisierungen und Privatisierungen in der philippinischen Wirtschaft zur Folge. Der Beitritt des Landes zur Welthandelsorganisation am 1. Januar 1995 und die Unterzeichnung des Bergbaugesetzes von 1995 (*Mining Act of 1995*) durch den damaligen Präsidenten Fidel Ramos am 6. März 1995 stehen im Kontext der neoliberalen Politik, die Unternehmen weitreichende Freiheiten zugestehen, und die bis heute Gültigkeit besitzt.

Der Unterzeichnung des *Mining Act of 1995* waren Studien, Tagungen und Empfehlungen von unterschiedlichen, internationalen Akteuren vorausgegangen. Zu Beginn der 1980er Jahre hatten UNDP, *Asian Development Bank* (ADB)[7] sowie diverse Entwicklungsgesellschaften, unter anderem aus den USA, Großbritannien, Japan und Deutschland, Studien über das Potential der Rohstoffe erstellen lassen (Ito und Tapang 2007). Die Weltbank empfahl 1992 bei der Kreditvergabe der philippinischen Regierung ausländische Investoren im Bergbaubereich anzulocken und 1993/94 veröffentlichte die ADB eine Studie mit der direkten Empfehlung, den Bergbausektor stark zu liberalisieren (SAPRIN 2001; Ito und Tapang 2007; Ilagan 2009). Die Ergebnisse aus der ADB-Studie wurden zu großen Teilen in das neue

Bergbaugesetz übernommen, darunter vor allem die Empfehlungen zur Freizügigkeit für ausländische Investoren (vgl. SAPRIN 2001, S. 3 ff.).[8]

Das Bergbaugesetz von 1995

Das neue Bergbaugesetz, auch bekannt als *Republic Act* (RA) 7942, von der damaligen Senatorin Gloria Macapagal-Arroyo eingebracht, stellte einen zentralen Wendepunkt dar. Eine wichtige Neugestaltung ist die Unterscheidung zwischen verschiedenen Erlaubnissen für den Rohstoffabbau. Das Gesetz unterscheidet zwischen *Exploration Permit*, der Erlaubnis mineralische Vorkommen zu erkunden, *Mineral Agreement*, dem exklusiven Recht Bergbauoperationen durchzuführen und die Mineralien aus dem Boden zu entnehmen, sowie dem *Financial or Technical Assistance Agreement* (FTAA). Das FTAA ist das lukrativste Abkommen für Bergbaukonzerne, die bereit sind, mindestens 50 Millionen US-Dollar zu investieren. Die Begünstigungen sind im Folgenden stichpunktartig zusammengefasst:

- Das FTAA erlaubt ausländischen Unternehmen und Investoren einhundert Prozent Kapitalanteile zu halten, während die philippinische Verfassung zuvor nur maximal vierzig Prozent genehmigte.[9]
- Unternehmen können bis zu 81.000 Hektar (*offshore* bis zu 324.000 Hektar) pachten, die zehnfache Fläche im Vergleich zum *Mineral Agreement*.
- Der Zeitraum für die Pacht beträgt 25 Jahre, kann aber um weitere 25 Jahre verlängert werden.
- Das Gesetz erlaubt das Abholzen von Wäldern in dem Konzessionsgebiet nach Belieben der Konzerne, solange das Fällen der Bäume nicht mit anderen Gesetzen in Konflikt steht.
- Die Unternehmen erhalten (kostenlos) die Wassernutzungsrechte für das Konzessionsgebiet.
- Es steht den Unternehmen frei, Straßen, Lagerhäuser, Flughäfen, Pipelines, Stromleitungen oder auch neue Flussbetten zu errichten.
- Es ist verboten, den Bergbaubetreibern den Zugang zum Land zu blockieren.
- Das Gesetz erlaubt den freien Kapitalverkehr, die Rückführung der Investitionen und den aus den Investitionen resultierenden Gewinnen sowie die Sicherheit vor Enteignung.[10]
- Darüber hinaus gibt es Möglichkeiten der Steuerbefreiung für fünf bis zehn Jahre. Die Einfuhr von Maschinen und anderen Gebrauchsgütern ist ebenfalls steuerfrei.

Am 30. März 199, keinen Monat nach der Unterzeichnung des Gesetzes, unterschrieb Präsident Fidel Ramos das erste FTAA mit *Western Mining Corporation Philippines* (WMC) im Süden der Philippinen. WMC wurde selbst, abgesehen von einigen Probebohrungen, nie aktiv. Mittlerweile ist das FTAA an den Schweizer Bergbaugiganten *Xstrata* bzw. der philippinischen Betreiberfirma *Sagittarius Mining Inc.* (SMI) übertragen worden.[11]

Da viele Organisationen die Verfassungsmäßigkeit des neuen Bergbaugesetzes anzweifelten, kam es im Jahr 1997 zu der Einreichung einer Klage vor dem Obersten Gerichtshof (*Supreme Court*) durch eine Organisation von Indigenen Gemeinschaften, der *La Bugal-B'laan Tribal Association*. Erst am 27. Januar 2004 folgte das Urteil. Mehrere Abschnitte, vor allem zu den FTAAs des *Mining Act of 1995*, wurden als nicht-verfassungskonform eingestuft. Die Freude bei den Gesetzeskritiker/innen währte aber nicht lange. Schon am 1. Dezember 2004 wurde das Urteil annulliert und die Verfassungsmäßigkeit des Bergbaugesetzes von 1995 bestätigt.[12] In der Urteilsbegründung im Dezember hieß es, dass die Verfassung nicht instrumentalisiert werden soll, »um das Wirtschaftswachstum zu strangulieren oder um engstirnigen, provinziellen Interessen zu dienen« (Richter Panganiban; zitiert nach Ciencia 2006, S. 4).

Von der Duldung zur aktiven Förderung

> »*Mining is a key driver of our economy and an important sector that is bringing in significant levels of investment, creating jobs for the people and spurring exports*« (Gloria Macapagal-Arroyo in Dubai am 27. Januar 2008)

Trotz der Vergünstigungen, die das Bergbaugesetz verspricht, blieben Investoren im großen Stil aus. Im *Medium-Term Philippine Development Plan 2004–2010* beklagte sich die philippinische Regierung noch, dass trotz des großen Potentials die absolute Anzahl von Bergwerken von 27 Minen im Jahr 1997 auf »nur noch 12 Minen im Jahr 2004« gesunken war (NEDA 2004). Doch die Administration von Gloria Macapagal-Arroyo machte in dem Plan ebenso deutlich, dass sie bei einer Auslandsverschuldung von damals 57 Milliarden US-Dollar, die Möglichkeit die Rohstoffe zu kapitalisieren und Investoren ins Land zu locken nicht ungenutzt verstreichen lassen wolle. Die Regierung rechnete mit 240.000 neu geschaffenen Jobs und jährlichen Investitionen in Höhe von vier bis sechs Milliarden US-Dollar. Am 16. Januar 2004 unterschrieb die Präsidentin Arroyo daher die *Executive Order 270* (*National Policy Agenda on Revitalizing Mining in the Philippines*), um von einer Politik der Toleranz zu einer aktiven Förderung von Bergbauaktivitäten in den Philippinen überzugehen (NEDA 2004).

Die aktive Förderung bestand zuerst vor allem aus aktiven Werbemaßnahmen für philippinische Rohstoffe im Ausland. Vom 17. bis 19. Januar 2005 fand eine sogenannte *Roadshow* in China statt und brachte laut dem damaligen Sekretär des Umweltministeriums (*Department for Environment and Natural Resources*; kurz: DENR), Michael T. Defensor, 1,6 Milliarden US-Dollar an Investitionsversprechen ein.[13] Im Laufe des Jahres kamen allein durch *Roadshows* in Manila und Kanada weitere 18,55 Millionen US-Dollar an Investitionen hinzu. Im Juni und August 2005 folgten dann weitere Werbeveranstaltungen unter anderem in England und Australien.

Eine besondere Rolle hatte dabei die philippinische Vertretung in Deutschland. Delia Domingo Albert war zu diesem Zeitpunkt nicht nur Botschafterin der Philippinen in Deutschland, sondern gleichzeitig Sondergesandte zum Thema Bergbau (*Special Envoy for Mining*) der philippinischen Regierung. In dieser Rolle begleitete sie die *Roadshows* und lud zu Investitionen ein. In einer Rede in Kanada betonte sie, dass ausländische Unternehmen endlich 100 Prozent der Anteile an Investitionen halten könnten. Am 21. April 2010 hielt sie auf der Münchener Bau-Ausstellung *bauma2010* eine Rede zum Thema: »Möglichkeiten der Zusammenarbeit im Bergbau mit den Philippinen und den ASEAN-Staaten«.

Im September 2009 hatte die Regierung die Veröffentlichung einer Beilage zum *Mining Journal*[14] mit dem Schwerpunkt Bergbau in den Philippinen unterstützt. Auf den 16 Seiten wurden ausführlich die Vorteile für internationale Investoren aufgezeigt, Karten mit Schwerpunktregionen veröffentlicht und aggressiv für Investitionen geworben.

Die Werbung hatte bedingten Erfolg. Im Jahr 2009 waren viele der weltweit bedeutenden Bergbaugroßkonzerne direkt oder indirekt in den Philippinen aktiv, darunter *Anglo American*[15], *AngloGold Ashanti, BHP Billiton, CVRD, Phelps Dodge, Sumitomo Mining, Vale und Xstrata* (vgl. Kapitel IX) (Mining Journal, o. A. 2009; S. 2 ff.).

Investitionshindernisse

Trotz der *Roadshows* und Werbung um Investitionen aus dem Ausland, trotz der Unterstützung durch Politik, Gesetzgebung und internationale Organisationen und trotz der international steigenden Rohstoffpreise, blieben die Investitionen weit hinter den Erwartungen zurück. So mussten die Investitionsprognosen vom MGB aus dem Jahr 2008 deutlich nach unten korrigiert werden und auch die Prognosen für die Jahre 2011, 2012 und 2013 dürften zumindest als ambitioniert gelten, wenn nicht gar als unrealistisch (vgl. Abbildung 2: Bergbauinvestitionen in den Philippinen).

Abbildung 2: Bergbauinvestitionen in den Philippinen (Quelle: eigene Darstellung)

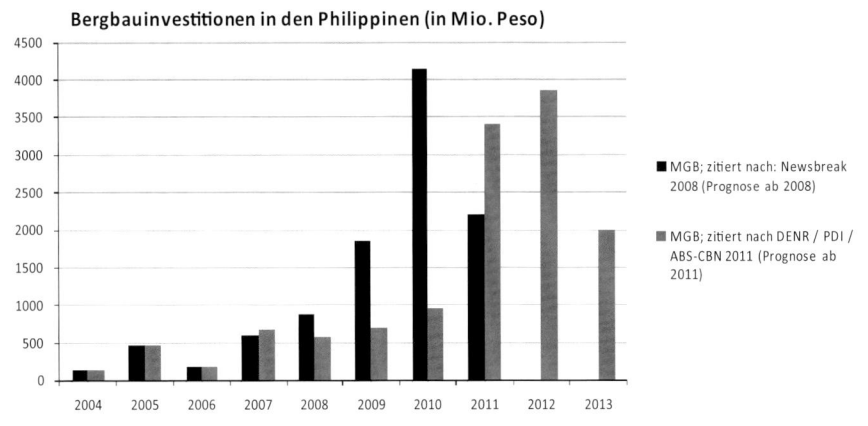

Bergbauinvestitionen in den Philippinen (in Mio. Peso)

■ MGB; zitiert nach: Newsbreak 2008 (Prognose ab 2008)

■ MGB; zitiert nach DENR / PDI / ABS-CBN 2011 (Prognose ab 2011)

Die Gründe dafür sind unterschiedlich. Erstens fielen mit der Finanzkrise im Jahr 2008 die Preise für Rohstoffe drastisch. Ein Teil der zuvor hohen Preise war auf Spekulation zurückzuführen. Die industrielle Erschließung einiger Mineralienvorkommen war somit nicht (mehr) lukrativ für Investoren. Zudem benötigen Bergbaukonzerne im Vorfeld des Ressourcenabbaus hohe Investitionen. Durch die Krise der internationalen Banken war weniger Geld für Kredite und Darlehen vorhanden. Zuletzt gab es auch durch die folgende Wirtschaftskrise weniger Käufer für Rohstoffe und die Weltmarktpreise stiegen nur langsam mit der Konjunktur wieder an (vgl. Reckordt 2010a).

Es gibt aber auch viele interne Gründe, warum die Philippinen trotz ihrer neoliberalen Gesetzgebung nicht verstärkt Investoren anwerben konnten. Wie das *Frazer Institute*[16] in ihrer jährlichen Befragung von internationalen Großkonzernen im Bereich Bergbau herausstellt, sind diese Gründe vor allem Unsicherheiten bei der Interpretation von Gesetzen und bei der Unterstützung durch die Politik, mangelnde Transparenz bei den Konzessionsvergabeverfahren in Verbindung mit Korruption sowie mangelnde Effizienz bei der administrativen Abwicklung von Anträgen, Unsicherheiten bei Konflikten um Ländereien, eine schwache Infrastruktur, eine mangelnde Entwicklung der lokalen Gemeinschaften und schlechte sozioökonomische Ausgangskriterien, Handelsbarrieren sowie die mangelnde Sicherheit vor terroristischen oder anderen gewalttätigen Übergriffen. In der aktuellen Befragung des *Frazier Institute* rangieren die Philippinen bei diesen Kriterien jeweils unter den letzten zehn bis fünfzehn Staaten, häufig umgeben von Staaten wie Guatemala, DR Kongo, Venezuela, Niger oder Papua Neuguinea (McMahon und Cervantes 2011).

Zu den genannten Problemen kommt die Unsicherheit von Bergbaukonzessionen durch lokalpolitische Einschränkungen und Verbote. Die Provinz South Cotabato in Mindanao hatte im letzten Jahr ein Verbot für offenen Großtagebau (*open pit mining*) ausgesprochen (vgl. Kasten: Das Verbot von offenem Tagebau in South Cotabato). Das Vorbild war die Provinz in North Cotabato, die ein solches Lokalgesetz schon länger besaß. Das Verbot von offenem Tagebau ist unter anderem deshalb bedeutend, weil der Großteil des Abbaus in diesem relativ kostengünstigen Verfahren bestritten wird[17] und ein Untertagebauverfahren wesentlich teurer oder unter Umständen überhaupt nicht möglich erscheint.

Das Verbot von offenem Tagebau in South Cotabato

Seit vielen Jahren wehren sich zivilgesellschaftliche und Indigene Organisationen, unterstützt durch die Kirchen, gegen das Tampakan Kupfer-Gold-Projekt. Auf knapp 28.000 Hektar möchte *Sagittarius Mining Inc.* (SMI) – 62,5 Prozent gehören dem Schweizer Bergbaugiganten *Xstrata*, der auch die Managementgewalt hält, 37,5 Prozent hält das australische Unternehmen *Indophil Resources NL* – ab 2016 die genannten Rohstoffe fördern. Die lokale Bevölkerung fürchtet allerdings, dass durch den offenen Tagebau die Nahrungsmittelgrundlage für die ganze Region gefährdet werden könnte, da 20.000 Hektar landwirtschaftlich genutzter Fläche direkt durch den Tagebau betroffen würden. Darüber hinaus fließen fünf bedeutende Flüsse durch die Region, darunter der Padada Fluss, der über 33.000 Hektar landwirtschaftlicher Nutzfläche als Bewässerungsgrundlage dient. Die ehemalige Gouverneurin von South Cotabato, Daisy P. Advance-Fuentes, erklärte, dass 85.000 Bauern und Bäuerinnen und über 200.000 Hektar kultiviertes Land vom geplanten Tagebau beeinträchtigt werden könnten (Goodland and Wicks, 2008, S. 107 ff.).

Der Konflikt in Tampakan spitzte sich Ende Juni 2010 zu, als die Provinzregierung (*Provincial Board of South Cotabato*) mit dem sogenannten *Environmental Code* ein Gesetz erließ, das den offenen Tagebau in der Region South Cotabato verbot. Am 16. Juni 2010 demonstrierten daraufhin 3.000 Bergbaubefürworter/innen, darunter viele Indigene, vor dem Haus der Gouverneurin für den offenen Tagebau und für SMI/Xstrata. Der Firmenchef Peter Forrestal verwies in einer Presseerklärung darauf, dass SMI sich den Prinzipien der nachhaltigen Entwicklung verpflichtet fühle und die Methode des offenen Tagebaus mit diesem Prinzip komplett vereinbar sei. Die Bergbaugegner/innen sahen dies jedoch anders: Zehntausende von Kirche und lokalen NGOs mobilisierte Menschen drückten am 22. Juni 2010 vor dem Amtssitz der Gouverneurin ihre Unterstützung für das Gesetz aus. Am 29. Juni unterschrieb sie das Gesetz. Ihr Nachfolger ließ anschließend die entsprechenden Umsetzungsbestimmungen ausarbeiten.

Die ersten Auswirkungen waren, dass *Zijin Mining*, ein chinesischer Staatskonzern, der die Projektanteile von *Indophil* aufkaufen wollte, nicht investierte. Die Aktien von Indophil verloren daraufhin in kürzester Zeit 44 Prozent ihres Wertes.

Es gibt allerdings bislang keine Klagen gegen das Gesetz vor einem Gericht. Die betroffenen Konzerne setzten darauf, dass nach dem Inkrafttreten das Gesetz von der neuen Provinzregierung nochmals überprüft werden wird. Vor allem die Frage, ob das lokale Gesetz nicht im Widerspruch zu nationalen Gesetzen, unter anderem dem *Mining Act of 1995*, steht, wird im Zentrum der Debatte stehen. Die neue Provinzregierung hat sich im März 2011 bereit erklärt, erneut Konsultationen zu erlauben und das Verbot gegebenenfalls zu überdenken. Beobachter/innen rechnen damit, dass Ende des Jahres 2011 das lokale Verbot des offenen Tagebaus aufgehoben werden könnte.

Zudem haben sowohl der 2010 gewählte Präsident Aquino, das Umweltministerium und der für die lokale Gesetzgebung zuständige Minister, *Local Government Secretary* Jesse Robredo, angekündigt, dass in Zukunft Konflikte zwischen lokalen und nationalen Gesetzen beseitigt werden sollen und beriefen sich auf den *Environmental Code* von South Cotabato. Dies könnte lokale Gesetzgebungen dann schwächen, wenn diese im Widerspruch zu nationalen Gesetzen stehen.

(Dieser Text ist eine aktualisierte und gekürzte Version. Zuerst erschien er als: Reckordt, Michael (2010b): Böse Mine zum guten Spiel; In: südostasien Heft 4, 2010, S. 71–74)

Der Provinzregierung von South Cotabato folgten weitere Provinzen. Der Gouverneur von Albay (Luzon) erließ ein Verbot für zukünftigen Rohstoffabbau, von dem allerdings das aktuelle Abbauprojekt auf Rapu Rapu noch nicht direkt betroffen ist (Arguelles 2011; vgl. Kapitel VI). Die Provinz Zamboanga del Norte (Mindanao) diskutiert ebenfalls auf lokaler Regierungsebene ein Verbot von offenem Bergbau. Im Januar 2011 wurde eine vorläufige Version von allen dreizehn Mitgliedern des *Provincial Boards* unterzeichnet. Begründet wurde diese Entscheidung mit der

Wasserverschmutzung und Zerstörung von Agrarland durch Bergbauaktivitäten (BusinessWorld 2011).

Die Provinz Batangas (Luzon) diskutiert derweil ein Moratorium, das großflächigen Tagebau über die nächsten 25 Jahre verbieten würde. Damit wäre Batangas in guter Gesellschaft: die Provinzen Romblon (Luzon), Mindoro Oriental (Luzon) und Western Samar (Visayas) sowie die Hauptstadt von Batangas, Batangas City, haben ein solches Moratorium bereits in Kraft gesetzt. Lokalpolitiker in Batangas gehen davon aus, dass auch für die Provinz ein Moratorium im Juni 2011 unterzeichnet werden wird (BusinessWorld 2011).

Vor allem Indigene Gemeinschaften sind vom Bergbau betroffen (vgl. Kapitel VIII). Die nationale Allianz der Indigenen Gemeinschaften (*Kalipunan ng mga Mamamayang Katutubo ng Pilipinas*; kurz Kamp) betont, dass 38 von 65 prioritären Bergbaugegenden auf sogenanntem Ahnenland (*Ancestral Domain*) von Indigenen Gemeinschaften liegen, 102.000 Hektar Land seien davon betroffen (Picana 2011; Sinumlag 2010). Vertreter/innen der Indigenen Gemeinschaften fordern daher schon seit langem die Überarbeitung des *Mining Act of 1995*, denn dieser verletze ihre Selbstbestimmungsrechte, die durch den *Indigenous Peoples Rights Act* (IPRA) aus dem Jahr 1997 festgelegt worden sind. Der Abgeordnete der Provinz Ifugao

Nach der ersten Verarbeitung findet man das Gold in Form dieser schwarzen Steine, aus denen dann wiederum eine kleinere Menge reines Gold gewonnen wird. Aus 20 Tonnen Gestein werden nur 300 bis 400 Gramm Gold gewonnen. Foto: L. Breininger

(Luzon), Teddy Brawner Baguilat, verlangt gar ein landesweites Moratorium, um das Bergbaugesetz in Ruhe überarbeiten zu können.

All diese Moratorien, Verbote und Gebote schrecken internationale Unternehmen und Investoren ab. Der Vorsitzende von *Indophil Resources NL*, einem Investor in South Cotabato, warf der nationalen Regierung vor, das Problem nicht energisch genug gelöst zu haben. »Eine wahrgenommene Trägheit oder Zurückhaltung dabei, auf nationaler Ebene in diesen [Anm. d. Red.: Gemeint ist das Verbot des offenen Tagesbaus in South Cotabato] und in anderen Dingen aktiv zu werden, hat dafür gesorgt, dass auch andere Provinzen vergleichbare Gesetze beschlossen haben. Dieser ersichtliche Trotz auf der Ebene der Provinzregierungen ist wie ein Dominoeffekt«, so Brian Phillips von Indophil (zitiert nach: Sarmiento 2011).

Besteuerung

Wenn man den Argumenten der Bergbaubefürworter/innen folgt, versprechen Investitionen in dem Sektor zum einen Steuern und Abgaben für den Staat und die Regionen, zum anderen Arbeitsplätze, von denen die lokale Bevölkerung profitiert.

Wie in Abbildung 3 (Steuern und Abgaben für Bergbau- und Steinbruch-Tätigkeiten) zu sehen ist, schwanken die Einnahmen aus der Besteuerung sehr stark. Im Elf-Jahresvergleich waren die Steuereinnahmen im Jahr 2007 mit knapp 10,5 Milliarden Peso (circa 170 Millionen Euro) am höchsten, im Jahr 2001 mit 982 Millionen Peso (circa 16 Millionen Euro) deutlich geringer. Vor allem die nationalen Behörden sammelten einen Großteil der Abgaben und Steuern ein; von 1998 bis 2008 waren es knapp dreiviertel aller Abgaben. Die *Local Government Units* (LGUs), die lokalen Regierungseinheiten, die von den Auswirkungen des Bergbaus am stärksten betroffen sind, bekamen in dem Zeitraum nur gut zwölf Prozent aller Einnahmen.[18]

Im Jahr 2008 bekamen die LGUs 515,2 Millionen Peso (circa 8,4 Millionen Euro) an Steuern und Abgaben aus Bergbauaktivitäten, das entspricht immerhin 12,36 Prozent aller Einnahmen aus Bergbauaktivitäten. An den Gesamteinnahmen aller LGUs bemessen, besitzen die Einnahmen aus den Steuern und Abgaben für Bergbau und Steinbruch allerdings nur einen verschwindend geringen Anteil von 0,19 Prozent (vgl. Padilla 2010).[19]

Zu einem ähnlichen Ergebnis kommt auch der philippinische Wissenschaftler Ramon Fernan III, der im Februar 2009 in einem Vortrag vor der *Ateneo School of Government* berichtete, dass die LGUs per Gesetz 25 Prozent der Steuern und Gebühren bekommen sollten, doch laut seiner Untersuchung zwischen 2000 und 2005 nur 13 Prozent erhielten (Fernan 2009).[20]

Die Unternehmen selbst hatten im Jahr 2009 einen Bruttoverkaufswert bei metallischen Rohstoffen von 150 Milliarden Peso, darauf entfielen nur 340 Millio-

Abbildung 3: Steuern und Abgaben für Bergbau- und Steinbruch-Tätigkeiten (in Mio. Peso; nach Abgabenzuständigkeit)

Jahr	DENR – MGB	Bureau of Internal Revenue	National Government Agencies	Local Government Unit	Gesamt
1998	34,9	123,9	1.339,7	1.007,7	2.506,2
1999	37,5	241,1	1.466,9	1.140,2	2.885,7
2000	51,2	243,3	1.747,9	852,7	2.895,1
2001	66,3	129,8	647,6	138,4	982,1
2002	58,5	303,6	823,8	204,8	1.390,7
2003	79,8	155,8	1.039,2	226,9	1.501,7
2004	120,1	232,5	2.769,1	358,5	3.480,2
2005	210,2	251,4	4.733,6	453,5	5.648,7
2006	192,1	489,6	5.313,2	395,0	6.389,9
2007	774,0	942,1	8.371,7	359,8	10.447,6
2008	557,4	660,3	5.884,2	515,2	7.617,1
Gesamt	2182,0	3773,4	34136,9	5652,7	45745,0
In Prozent	4,77%	8,25%	74,62%	12,36%	100,00%

* Department of Environment and Natural Resources – Mines and Geosciences Bureau
Quelle: Israel (2010), nach MGB

nen Peso Verbrauchssteuern, die die Bergbauunternehmen 2009 zahlen mussten (Alave 2010).

Auch an der Bruttowertschöpfung zum Bruttoinlandsprodukt trägt der Bergbau seit Mitte der 1980er Jahre weit weniger als zwei Prozent bei und ist im Gegensatz zu anderen Industrien, wie Landwirtschaft, Fischerei (vgl. Kasten: Mineralische Ressourcen vs. Fisch) oder der Elektronikindustrie, vernachlässigbar (vgl. Tabelle 2).

Mineralische Ressourcen vs. Fisch

Zwischen Bergbauindustrie und Landwirtschaft gibt es häufig Interessenkonflikte um Landnutzung und Wassernutzung. Goodland and Wicks stellen in ihrer Studie aus dem Jahr 2008 fest, dass 50 von 78 Flusssystemen aufgrund von industrieller und häuslicher Verschmutzung biologisch tot sind. Umweltkatastrophen beim Abbau von Rohstoffen haben dazu einen wesentlichen Beitrag

Die Geschichte des Bergbaus in den Philippinen

> geleistet (vgl. Kapitel VI; Goodland and Wicks 2008; S. 9 f. und 15 ff.). Für den Inselstaat ist die Versorgung mit maritimen Lebensmitteln seit jeher sehr wichtig, so sind 1,5 Millionen Filipin@s abhängig von der Fischindustrie und tragen 2,3 Prozent zum Bruttoinlandsprodukt (BIP) bei, die Landwirtschaft nochmals weitere elf bis 13 Prozent. Hingegen arbeiten im Bergbau (ohne *Small-Scale Mining*) 160.000 Menschen und tragen nur 1,5 Prozent zum BIP bei. Während die Fischerei, wenn sie nachhaltig und im Einklang mit der Natur betrieben wird, viele Jahrzehnte oder Jahrhunderte Familien versorgen kann, ist der Ressourcenabbau meistens auf wenige Jahre oder Jahrzehnte beschränkt (Barut und Garvilles 2010).

Arbeitsplatz Bergbauindustrie

Ein zweites wichtiges Argument der Bergbaubefürworter/innen ist die Schaffung von Arbeitsplätzen, die mit den Investitionen einher geht. In den Philippinen arbeiteten im Zeitraum von 1990 bis 2008 zwischen 100.000 und 160.000 Arbeitnehmer/innen in der Bergbau- und Steinbruch-Industrie (vgl. Abbildung 4: Arbeiterschaft in Bergbau- und Steinbruch-Industrie). Das entspricht einem Anteil von 0,3 bis 0,6 Prozent der gesamten Industriearbeiterschaft der Philippinen. Dazu kommen noch zwischen 200.000 und 300.000 Menschen, die vom *Small Scale Mining* leben. Viele *Small Scale Miners* sind häufig allerdings Bauern und Bäuerinnen oder andere Landarbeiter/innen, die den Abbau von Mineralien und Metallen nur als Nebenerwerb betreiben.

Abbildung 4: Arbeiterschaft in Bergbau- und Steinbruchindustrie (Quelle: eigene Darstellung)

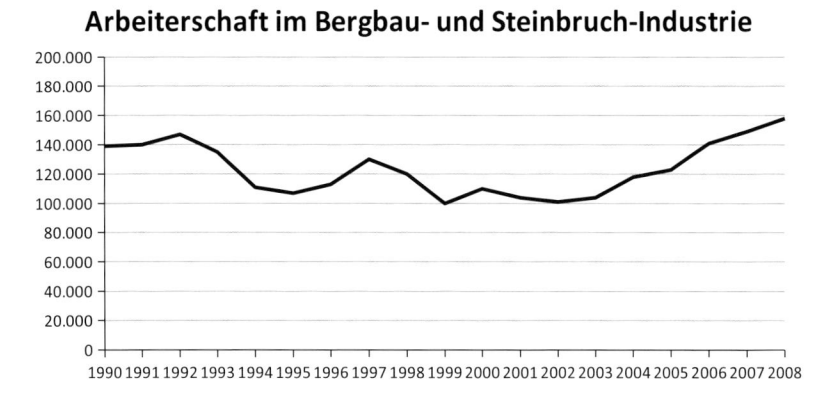

Arbeiterschaft im Bergbau- und Steinbruch-Industrie

Die philippinische *Chamber of Mines* geht davon aus, dass für jeden direkten Arbeitsplatz in der Bergbauindustrie vier bis fünf indirekte geschaffen werden, das entspräche weiteren 400.000 bis 500.000 indirekt Beschäftigten (Stark, Li und Terasawa 2006). Selbst wenn also alle direkt oder indirekt Angestellten in *Large Scale* und *Small Scale* Bergbau zusammengerechnet werden, sind dies weniger als eine Million Arbeiter/innen, deren Anteil an der gesamten Industriearbeiterschaft geringer als vier Prozent ist.

Seit 2003 ist eine leichte Zunahme an Arbeitsplätzen im Bergbausektor festzustellen. Wenn man aber gleichzeitig bedenkt, dass im Oktober 2010 laut *National Statistics Office* von den 36,5 Millionen Erwerbstätigen über die Hälfte (51,7 Prozent) im Dienstleistungssektor und über ein Drittel (33,6 Prozent) in der Landwirtschaft beschäftigt waren, trägt der Bergbau nur unwesentlich dazu bei, die offizielle Arbeitslosigkeit von sieben Prozent bzw. die offizielle Unterbeschäftigungsquote von 19,6 Prozent spürbar zu reduzieren (National Statistics Office 2011). Von den angestrebten 240.000 neuen, direkten Arbeitsplätzen ist die Industrie weit entfernt. Wenn man aus diesen Statistiken die transnationalen Konzerne herausnimmt, dann sind in den 79 philippinischen Bergbauunternehmen im Jahr 2008 sogar nur 19.850 Personen beschäftigt (National Statistics Office 2009).

Die Jobs in der Bergbau- und Steinbruchindustrie, die den Filipin@s zur Verfügung stehen, sind zudem häufig schlecht bezahlt und unsicher. Die eingestellten Arbeiter/innen kommen häufig aus anderen Regionen des Landes. Immer wieder kommt es daher zu Arbeitskämpfen. So blockierten Leih- und Kontraktarbeiter/innen [21] im Sommer 2007 die Zufahrt von SMI/Xstrata in Tampakan. Sie protestierten damit gegen die Einstellungspolitik von SMI. In Interviews, die im Mai 2010 geführt wurden, berichteten viele Mitglieder von Indigenen und lokalen Gemeinschaften, dass vor allem die Versprechen auf (gut bezahlte) Arbeitsplätze nicht erfüllt wurden. Gerade Personen ohne Ausbildung, zum Teil ohne Schulabschluss, fanden nur kurzzeitige Einstellungen als Träger oder für einfache Handlanger-Tätigkeiten. Einige Personen berichteten, dass ihre Verträge nur wenige Tage umfassten. Mit dem Versprechen von langfristigen und gut bezahlten Arbeitsplätzen hatte das nichts zu tun.

Ein anderes Beispiel ist der philippinische Konzern Lepanto. Dieser konnte aufgrund von finanziellen Schwierigkeiten im Jahr 2010 die Löhne nicht mehr vollständig auszahlen. Allein die Rückstände von Juni 2009 bis Februar 2010 betrugen 85 Millionen Peso (Quitasol 2010). Die Lage hatte sich auch während eines Besuchs im Juni 2010 nicht verändert und sowohl der wiedergewählte Gouverneur der Benguet Provinz, Hon. Nestor B. Fongwan, als auch die Direktorin des *Department of Labor and Employment* (DOLE) in Baguio City, Atty. Ana C. Dione, waren deutlich in ihrer Kritik an dem Konzern. Dione war dabei um eine konstruktive Lösung bemüht und das DOLE hatte schon Programme aufgelegt, um für alternative Einkommensgenerierung zu werben, während der Gouverneur lieber heute als morgen auf Lepanto in seiner Provinz verzichtet hätte. Er setze verstärkt auf *Small Scale Mining* und eine Ausbildung von Kleinschürfer/innen, die die Provinz finanziert (Gouverneur Nestor B. Fongwan in einem persönlichen Gespräch am 8. Juni 2010).

Auch die Gewerkschaften der Lepanto-Arbeiter/innen, in denen weit über 1.500 Arbeiter/innen organisiert sind, haben zuletzt Druck auf den Konzern ausgeübt und mit Streiks gedroht, wenn nicht Entlassungen rückgängig und ausstehende Löhne gezahlt werden würden (vgl. Alegre 2010; Catajan 2010).

Da es sich im Bergbau um zumeist schwere Arbeiten Unter- und Übertage handelt, wird der Großteil der Jobs an Männer vergeben. Während in der Landwirtschaft häufig die ganze Familie beschäftigt wird und Frauen in vielen Fällen die Mehrarbeit leisten, finden Frauen selten Anstellungen bei Bergbaukonzernen. Im Gegenteil, durch die im offenen Tagebau durchgeführte Zerstörung von landwirtschaftlicher Nutzfläche fallen für Frauen häufig Arbeitsplätze weg, ohne dass neue geschaffen werden. Für einige Frauen bleibt der Weg in die Prostitution die einzige Möglichkeit sich selbst und eine Familie zu ernähren. Auch Kinderarbeit im illegalen Bergbau ist für einige Regionen dokumentiert, die Jüngsten verdienen nur bis zu 30 Peso am Tag (Jacinto 2010).

Regierung Aquino – Weiter so und stets voran

> »*The exploitation of a country's mineral resources can only be justified if it does not irreparably damage the environment and if it benefits the community and the nation as a whole. This is beyond all argument.*« (DENR 2006, S. 1)

Weder bei den Investitionen, Steuern und Abgaben noch bei der Schaffung von Arbeitsplätzen wurden die Ziele der Regierung Arroyos erreicht. Bei Letzterem ist zu vermuten, dass bei der Landnutzung durch Bergbau im Vergleich zur landwirtschaftlichen Nutzung unter Umständen mehr Arbeitsplätze vernichtet als geschaffen wurden.

Daher waren die Präsidentschaftswahlen und der damit verbundene Machtwechsel mit Spannung erwartet worden. Doch schon im Vorfeld der Wahlen 2010 hatte sich der damalige Senator Benigno Aquino III nur vage zu seinen Absichten zum Thema Ressourcen und *Mining Act of 1995* geäußert (vgl. Arguillas 2010). Nach der Ernennung des ehemaligen Vorsitzenden des MGB, Ramon Paje, zum Umweltminister, war ein Bruch mit der bisherigen Politik unter Präsidentin Arroyo

Die Arbeitsplätze im Bergbau sind in der Regel harte, körperliche Arbeit, die nur gering entlohnt werden. Sicherheitsvorschriften existieren zum Teil nur auf dem Papier. Foto: M. Domes

unwahrscheinlich geworden. Im Gegenteil, durch sogenannte *Private-Public-Partnership*-Programme und durch die Schaffung weiterer Anreize für ausländische Investoren, führt die aktuelle Administration die Förderung der Ausbeutung der nationalen Rohstoffe fort.

So setzte sich Aquino im Konflikt um das Verbot des offenen Tagebaus in South Cotabato dafür ein, dass sich für alle Akteure, Kritiker/innen des offenen Tagebaus und den ausländischen Investoren, eine *Win-Win*-Situation ergeben sollte. Statt grundsätzlich die massiven und landesweit zunehmenden Proteste als Arbeitsauftrag zu interpretieren, stehen weder der *Mining Act of 1995* noch die neoliberale Politik zur Debatte.

Staatliche Behörden, sowohl unter der aktuellen Regierung als auch in der Vergangenheit unter der Regierung Arroyos, versprechen, dass sie den »verantwortungsvollen Abbau« (*Responsible Mining*) fördern wollen. Das Konzept *Responsible Mining* verspricht, dass das Bergbaugeschäft nach *Best-Practice*-Modellen abläuft. Es basiert auf den Prinzipien nachhaltiger Entwicklung, inkludiert den Schutz der Indigenen Gemeinschaften, garantiert allen Beteiligten und Betroffenen einen Anteil an den Gewinnen sowie strenge soziale und Umwelt-Kriterien für die Abbauprojekte. In der Theorie klingt das gut, aber in der Praxis zeigt sich, dass Projekte, die unter dem Label »verantwortungsvollem Abbau« firmierten, häufig das Gegenteil dessen waren (vgl. Kapitel VI und VIII).

Gründe für den »nicht verantwortungsvollen Abbau« gibt es viele. Einer davon ist die Schwäche des Staates bei der Kontrolle der eigenen Gesetze, denn Kontrollen verlaufen häufig auf freiwilliger Kooperationsbasis mit den Unternehmen (vgl. Gruber und Reckordt 2010). Die nationale Behörde, die Umweltauflagen und »verantwortungsvollen Abbau« überprüfen und kritisch begleiten soll, ist das Umweltministerium (DENR). Doch diese Behörde befindet sich in dem immanenten Widerspruch, dass sie gleichzeitig den Ressourcenabbau fördern soll. Denn das MGB ist ebenfalls dem DENR unterstellt. Interessenkonflikte sind durch diese Konstellation vorprogrammiert. So berichtete ein Beamter des DENR in Koronadal City dem Autor, der für die Prüfung der Umweltverträglichkeit des Xstrata/SMI Projekts in Tampakan zuständig ist, er hoffe, dass in Zukunft noch weniger Bürokratie für die Unternehmen zu erledigen sei und die Verfahren unternehmensfreundlicher gestaltet würden. Darüber hinaus zirkulieren Dokumente, wie etwa die Umweltverträglichkeitsprüfung durch Xstrata/SMI, intern unter nur wenigen Personen. Mit der Begründung es handele sich bei den Dokumenten um »geistiges Eigentum« von Xstrata/SMI bekamen weder zivilgesellschaftliche Organisationen noch Wissenschaftler/innen zeitnah Einblicke in die Dokumente (Interviews, geführt am 24. Mai 2010).

Hinzu kommt, dass es auch in anderen Behörden Interessenkonflikte geben kann. So wurde eine Mitarbeiterin des *Municipal Environment and Natural Resources Office* (lokale Umweltaufsichtsbehörde; kurz MENRO) in Tampakan vom Bürgermeister aufgefordert, eine Erlaubnis zu unterzeichnen, ohne die dazu gehörigen Dokumente von Xstrata/SMI vorher geprüft bzw. überhaupt erhalten zu haben.[22]

Zu diesen internen Strukturproblemen kommt eine teilweise völlig unzureichende Ausstattung. So gab es für die besagte Mitarbeiterin in Tampakan kein Auto, um überhaupt in die entlegenen Gebiete fahren zu können, in denen die Bergbauaktivitäten stattfinden. Wie sollen so angemessene Kontrollen durchgeführt werden? Die Beamtin erzählte, dass sie bisher immer mit dem Bergbauunternehmen und seinen Mitarbeiter/innen in die zukünftigen Abbaugebiete gefahren wäre, um mit den lokalen Gemeinschaften zu sprechen.

Ein weiteres Problem ist der Personalmangel in der Behörde. Im Jahr 2007 beschwerte sich ein Projektleiter vom MGB, dass zu wenig Geolog/innen in der Behörde beschäftigt seien. Von ursprünglich 120 Geolog/innen im MGB waren nur noch 40 bis 50 übrig, da die Mehrheit »zu privaten Bergbaukonzernen wechselte, wo ihnen das fünffache an Gehalt geboten worden ist« (MGB-Projektleiter Antonio Apostol; zitiert nach: Philippine Business Leaders Forum 2007). Er identifizierte den vorübergehenden Boom im Bergbau als Ursache dafür, dass qualifizierte Arbeitskräfte die Behörde in Richtung Privatwirtschaft verließen. Bis zum heutigen Zeitpunkt ist dieses Problem noch nicht gelöst. Im Jahr 2011 waren im MGB von insgesamt 213 Stellen noch 104 für Geolog/innen und von 246 Stellen noch 98 für

Bergbauingenieur/innen offen. Die Privatwirtschaft kann ein wesentlich höheres Gehalt als die 18.000 bis 38.000 Peso pro Monat bezahlen, die das MGB bieten kann (De Vera 2011). Für die Unternehmen ergibt sich neben dem Vorteil, gut ausgebildetes Personal zu bekommen, noch der Vorteil, dass sie sich behördliches Insiderwissen einkaufen und die Angestellten häufig noch gute Kontakte in die Behörde hinein besitzen.

Fazit

Der Bergbau in den Philippinen hat eine lange Geschichte. Sowohl der großflächige Tagebau als auch die Kleinschürferei sind in vielen Teilen des Landes verbreitet. Doch obwohl die Philippinen sich spätestens mit dem *Mining Act of 1995* multinationalen Konzernen stark geöffnet haben, sind weit weniger Investoren ins Land gekommen, als erhofft. Gleichzeitig sind auch die erhofften positiven Auswirkungen wie Einnahmen durch Steuern und Abgaben sowie die Schaffung von Arbeitsplätzen weitgehend ausgeblieben. Bergbau nimmt ökonomisch betrachtet eine geringe Bedeutung ein, das zeigt sich sowohl bei dem Anteil am Bruttoinlandsprodukt als auch bei dem Anteil der Arbeitsplätze. Gleichzeitig sind die bisherigen und potentiellen Zerstörungen für Mensch und Umwelt eklatant.

Ein kleiner Lichtblick ist allerdings, dass es seit Anfang 2010 die Möglichkeit für Personen mit berechtigtem Interesse gibt, einen sogenannten *Writ of Kalikasan* zu beantragen, der bei Gericht eine Hilfsmaßnahme einleitet, die jeweils von einer anderen Partei begangene Umweltzerstörung zu stoppen. Der *Writ* gibt dem Gericht die Möglichkeit, ein Gebiet unter sofortigen Umweltschutz zu stellen. Das soll vor allem Prozesse über (potentielle) Umweltzerstörung beschleunigen und gibt Umweltschützer/innen ein Instrument, die Zerstörer zur Rechenschaft zu ziehen (vgl. Press Release Alyansa Tigil Mina, 4. Februar 2010). Von staatlicher Seite wird dieser *Writ* als ein Schritt in Richtung »Responsible Mining« verstanden. Somit obliegt es scheinbar am Ende der Justiz, Bergbaukonzerne zu prüfen. Eine Aufgabe, die eigentlich die Umwelt- und andere Behörden erfüllen müssten.

Unter der Regierung Aquinos hat es keine maßgebliche Veränderung in der Bergbaupolitik gegeben. Viel mehr führt er die Politik seiner Vorgänger/innen fort. Statt aufgrund von Personalmangel, bestehenden Umweltproblemen, Menschenrechtsverletzungen, Protesten und potentiellen Katastrophen ein Moratorium auszurufen, soll die Effizienz bei der Vergabepraxis erhöht werden. Im Februar 2011 verkündete das DENR daher, dass es vorläufig und auf unbestimmte Zeit keine neuen Anträge auf Konzessionen annehmen würde. Stattdessen sollen die über 2.100 vorliegenden Anträge geprüft und bearbeitet werden (Alave 2011).[23]

Auf der anderen Seite ergeben sich durch die jetzige Regierung und die Besetzung des Justizministeriums mit der Menschenrechtsanwältin Leila de Lima sowie die Besetzung der Menschenrechtskommission mit Loretta Rosales auch Möglichkeiten für die Zivilgesellschaft zu intervenieren. Aufgrund der verstärkt lokal auftretenden Proteste und lokalen Moratorien und Verbote von offenem Tagebau entstehen Möglichkeiten, die nationale Gesetzgebung zumindest in Teilen wieder zu relativeren. Ob diese lokalen Verbote und Moratorien, die sich unter anderem aus dem *Local Government Code* ergeben, der nationalen Gesetzgebung standhalten, wird in naher Zukunft wohl der *Supreme Court* entscheiden müssen.

Anmerkungen

1 Im Jahr 1504 hatte der spanische König auf alle Rohstoffe und Metalle wie Gold, Silber und Kupfer, den sogenannten »Quinto Real« erhoben, also ein »Königs-Fünftel«. Diese zwanzigprozentige Steuer galt auch in den Philippinen und wurde im Jahr 1723 auf zehn Prozent reduziert.
2 Im Jahr 1850 hatte die Kolonialmacht einen Bergbauingenieur mit Truppen nach Mankayan geschickt. Dort beobachteten diese, dass die Igorot durch hydraulische Sprengungen Kupfer abbauten und dieses Kupfer schmolzen.
3 Die philippinische Verfassung von 1935 besagte, dass Bewohner/innen der Philippinen oder philippinische Unternehmen mindestens 60 Prozent der Anteile an Bergbau-Unternehmungen halten müssen, um das Recht für einen Mineralienabbau zu bekommen. Die Dauer des Rechts wurde auf maximal 25 Jahre begrenzt, konnte aber um die gleiche Periode verlängert werden.
4 *Small Scale Mining* (im Englischen auch *Artisanal Mining*) bedeutet ins Deutsche übersetzt »Kleinbergbau« oder »Kleinschürferei«. Vor allem der Abbau von Gold ist stark mit *Artisanal and Small Scale Gold Mining* (ASGM) verbunden. ASGM wird nach dem philippinischen Gesetz wie folgt definiert: ASGM basiert auf menschlicher, manueller Arbeit bei Nutzung von einfachen Hilfsmittel unter dem Verzicht von Sprengstoffen und schwerem Bergbauequipment. ASGM-Schürfungen finden auf bis zu 20 Hektar statt und entnehmen nicht mehr als 50.000 Tonnen Gestein pro Jahr. ASGM wird in 70 Staaten von geschätzten zehn bis 15 Millionen Menschen betrieben, darunter 4,5 Millionen Frauen und eine Million Kinder. 20 bis 30 Prozent oder 500 bis 800 Tonnen der weltweiten Goldproduktion werden so produziert. In den Philippinen sind schätzungsweise 200.000 bis 300.000 Personen in dieser Art von Bergbau involviert, 18.000 von ihnen Frauen und Kinder (Ban Toxics! 2011; S. 15 ff.).
5 Zwischenzeitlich unterstützten sowohl der multinationale Bergbaugigant *Rio Tinto* als auch die *Dresdener Bank* das Unternehmen mit Beteiligungen an Projekten bzw. mit Krediten.
6 Die Philippinen wurden seit dem Jahr 1972 unter Notstandsgesetzen von Diktator Ferdinand Marcos geführt. Die Wirtschaft war durch Vetternwirtschaft und der Bevorzugung von Regime-Günstlingen geschwächt.
7 Deutschland ist Gründungsmitglied der im Dezember 1965 in Manila gegründeten Bank. Nach den USA und Kanada ist Deutschland der drittgrößte, nicht-asiatische bzw. insgesamt neuntgrößte Anteilseigner. Es hält 3,75 Prozent der Stimmen (10,73 Prozent

der Stimmen nicht-asiatischer Länder) und hat daher ein großes Mitspracherecht in der Organisation (ADB 2010).
8 Das britische Magazin *Metal Bulletin*, das den internationalen Bergbaukonzernen sehr wohlwollend gegenüber steht, ernannte daraufhin den *Mining Act of 1995* zum »ausländerfreundlichsten Bergbaugesetz« in einem Vergleich von 70 Ländern (Lozano 1997).
9 Laut der philippinischen Verfassung, Artikel XII, Abschnitt 2, müssen philippinische Bürger/innen, Unternehmen oder Zusammenschlüsse mindestens sechzig Prozent der Kapitalanteile von Unternehmen besitzen, die beim Abbau von natürlichen Ressourcen aktiv sind.
10 Enteignung ist in diesem Zusammenhang ein weit gefasster Begriff. Unter Enteignung werden auch Veränderungen in den politischen Rahmenbedingungen, zum Beispiel eine veränderte Umweltgesetzgebung und dadurch neue Auflagen an das Unternehmen, verstanden. Ein internationales Beispiel ist der Prozess zwischen dem Stromproduzenten Vattenfall und der Stadt Hamburg, bei dem der Konzern Vattenfall das Land Hamburg verklagte, da das Land nach Wahlen die Auflagen für ein Kohlekraftwerk verschärfte (vgl. S2B Investment Working Group 2010, S. 33 f.).
11 Xstrata hält 62,5 Prozent an SMI und hat die Management-Kontrolle. Im Folgenden wird daher auch von Xstrata/SMI gesprochen.
12 Während noch im Januar acht Richter/innen gegen und nur fünf für die Verfassungsmäßigkeit gestimmt haben (bei einer Enthaltung), änderten im Dezember nach Um- und Neubesetzungen fünf Richter/innen ihre Meinung und mit zehn zu vier Stimmen (bei einer Enthaltung) wurde die Verfassungsmäßigkeit bestätigt (Ciencia 2006).
13 Defensor sagte dies im Rahmen einer Rede auf der *Philippine Investment Conference* im März 2005.
14 Das *Mining Journal* ist ein britisches Magazin, das seit 1835 wöchentlich globale Informationen rund um Bergbau und Rohstoffe für die Industrie aufarbeitet. In seinem Bereich ist es Marktführer.
15 Anglo American hat ein Joint Venture mit dem philippinischen Konzern Philex über das *Boyongan Copper-Gold Deposit*.
16 Das Frazier Institute ist ein neoliberaler, konservativer Think-Tank aus Kanada, der für eine sehr stark marktliberale Politik einsteht.
17 Eine bekannte Ausnahme sind die Kordilleren im Norden der Philippinen.
18 Im Jahr 2009 nahm der Staat insgesamt 9,18 Milliarden Peso (circa 150 Mio. Euro) an Steuern und Gebühren ein, für das Jahr 2010 rechnen die Behörden sogar mit einer Steigerung auf zehn Milliarden Peso. Der Wert der produzierten Rohstoffe lag bei 2,23 Milliarden US-Dollar (MGB, zitiert nach GMA-News vom 27. August 2010).
19 Laut Padilla nahmen alle Provinzen, alle Städte und Gemeinden im Jahr 2008 insgesamt 275 Milliarden Peso ein (Padilla 2010).
20 Eine Untersuchung durch die UNCTAD aus dem Jahr 2000 hat in den Philippinen eine relativ niedrige Ertragssteuerquote im Vergleich mit anderen ressourcenreichen Staaten wie China, Papua-Neuguinea, Mexiko, Indonesien, Bolivien oder Tansania identifiziert (vgl. Otto 2000, S. 2).
21 Kontraktarbeiter/innen haben nur einen Vertrag über eine bestimmte Laufzeit, in der Regel weniger als sechs Monate, da die Unternehmen so Sozialleistungen sparen kön-

nen. Die Arbeiter/innen werden nach Ablauf des Kontraktes entweder nicht weiter beschäftigt oder nach einer Pause von wenigen Tagen oder Wochen mit einem neuen Kontrakt auf Zeit erneut eingestellt.

22 Im Schreiben heißt es handschriftlich vermerkt: »*MENRO, you are hereby instructed to sign the documents of SMI for [...] permit application. They [Xstrata/SMI] have promised to submit such documents within this week*« [Unterschrieben vom Bürgermeister der Stadt Tampakan an eine Beamtin des MENRO; Kopie des Schreibens liegt dem Autor vor].

23 Allein 156 Abbauanträge wurden in der Region VII (Central Visayas) im Jahr 2009 abgelehnt. Von 309 Anträgen für die Region gestellten Anträge wurden 63 genehmigt, 90 werden einer erneuten Prüfung unterzogen und mehr als die Hälfte abgelehnt (Pareja 2010).

Die dreifache Last
Einblicke in von Bergbau betroffene Gemeinden in den Philippinen

Von Mario E. Maderazo

Einführung

Aufgrund der gravierenden sozialen und ökologischen Probleme, die der Bergbau für die betroffenen Gemeinden auf den Philippinen mit sich bringt, beschloss das Philippine Misereor Partnership (PMP), die Arbeit gegen den Bergbau zu einem zentralen Thema für das gesamte Netzwerk zu machen und rief eine Kampagne dazu ins Leben. Dieser Entschluss fiel auf der Nationalversammlung des Netzwerkes im August 2009. Im PMP sind über 300 kirchliche und nicht-kirchliche Organisationen der Zivilgesellschaft zusammengeschlossen. Misereor ist gleichberechtigtes Mitglied und unterstützt das Netzwerk finanziell und durch Lobby- und Advocacyarbeit. Ziel der Anti-Bergbau-Kampagne (Anti-Mining Campaign – AMC) ist es, insbesondere dem Großbergbau entgegenzuwirken.[1] Die Bergbau-Firmen, die meist in der Hand ausländischer Investoren sind, operieren an 14 verschiedenen Standorten auf den drei philippinischen Inselgruppen: Luzon, Visayas und Mindanao.

Die werden im Rahmen der Anti-Bergbau Kampagne »*Sites of Struggle*« ((Orte des Widerstandes; kurz: SoS) genannt, da es sich um »vom Bergbau (auf kurze und lange Sicht) betroffene Gemeinden handelt, die aktiv gegen den Bergbau vorgehen, unabhängig vom Stand der Bergbauaktivität. Diese Gemeinden, auf die sich die Kampagne zur Zeit konzentriert, sind an koordinierende Organisationen (sogenannte *focal organisations*) angebunden«.[2] Die koordinierenden Organisationen sind wiederum Partnerorganisationen des PMP und stellen die Anbindung der SoS-Gemeinden an das Netzwerk sicher.

Social Action Centers (SACs)[3] machen etwa ein Drittel aller Mitglieder des PMP-Netzwerkes aus. Zwölf von ihnen sind zugleich koordinierende Organisationen in den 14 SoS-Gemeinden. Die katholische Kirche leistet durch die Bischöfe, die Geistlichen und die SAC weiterhin einen bedeutenden und aktiven Beitrag zur Anti-Bergbau Kampagne in den meisten SoS.

Die dreifache Last

Warum gibt es eine Kampagne gegen Großbergbau in den Philippinen?

Die Kampagne des PMPs basiert auf der Analyse, dass der Bergbau so wie er zur Zeit erfolgt eine dreifache Belastung für die betroffenen Menschen und Gemeinden darstellt. Der Grund hierfür liegt in der bestehenden Politik, die die Förderung des Bergbaus in aggressiver Weise vorantreibt.

Erstens:
Die Bergbaukonzerne profitieren wirtschaftlich von den attraktiven Anreizen der Regierung. »Die gesetzlich garantierte Investitionssicherheit, attraktive Erkundungsrechte, Steuerbefreiungen und andere Anreize in den entscheidenden Stadien des Abbaus, verdeutlichen die starke Unterstützung der Investoren durch die Regierung und ihre Beteiligung, insbesondere in der Explorations- und Produktionsphase. Durch die Steuerbefreiung verzichtet die Regierung auf einen Teil der steuerlichen Einnahmen, so dass die Gewinne für die Investoren steigen. Damit trägt die Regierung einen Teil der Risiken und wird durch die staatliche Politik zu einer Art Vertragspartner« (Bautista 2010). Auf der anderen Seite leben die betroffenen Gemeinden weiterhin in Armut.

Zweitens:
Die Auswirkungen des Bergbaus sind unumkehrbar und gefährden die Umwelt. Darüber hinaus erhöhen sie die Verletzbarkeit der Menschen und ganzer Gemeinden. Eine Studie der Europäischen Union aus dem Jahr 2005 besagt, dass »legale und illegale Bergbauaktivitäten aufgrund der Waldrodungen und Freisetzungen von Giften eine ernsthafte Bedrohung für Wälder und dortige Flüsse darstellen.« (ebd.) Des Weiteren geht aus der Studie hervor, dass diese Probleme auch auf die mangelhafte Einhaltung globaler Standards für »verantwortungsbewussten Bergbau« durch Klein- und Großbergbau-Firmen zurückführbar sind.

Drittens:
Die negativen Auswirkungen, die die Bergbauaktivitäten in den unterschiedlichen Phasen mit sich bringen (Erkundung, Förderung und Verarbeitung), werden von den Steuern und Gebühren, welche die Unternehmen an die Regierung zahlen, nicht gedeckt.

Stets sind es die Anwohner/innen, die die Last tragen müssen, egal, ob es sich um die Verknappung des Trinkwassers für die betroffenen Gemeinden handelt, während die Bergbaufirmen unbegrenzten Zugang zu Oberflächenwasser für ihre Vorhaben haben; ob Flüsse vergiftet sind, die zur Bewässerung der landwirtschaftlichen Nutzfläche gebraucht werden; ob Umsiedlungen ganzer Gemeinden stattfinden, weil Bergbauvorhaben auf ihr Gebiet ausgeweitet werden oder ob es aufgrund von Unfällen oder der Fahrlässigkeit von Unternehmen zu Rissen in den Auffangbecken giftiger Abfälle kommt.

Am Ende sind es die Steuerzahler/innen auf die die Regierung zurückgreift, wenn sie für Schäden und Folgekosten aufkommt, die durch Bergbau verursacht wurden und werden, wie zum Beispiel Fischsterben, die Evakuierung von Menschen bei Überschwemmungen und Landrutschen oder die Unterbringung und die Existenzsicherung vertriebener Menschen.

Eine Regierung, die Investitionen ins Land holen will, wohltätige Bergbaufirmen und gespaltene Gemeinden

Das Argument der philippinischen Regierung für die Fortführung der Bergbauagenda und ihrer aggressiven Förderung ist, dass diese Investitionen ins Land hole und ein ökonomisches Wachstum anrege. Dennoch hinkt der Bergbausektor gegenüber anderen Sektoren wie der Landwirtschaft oder der Fischerei weit hinterher. Der erhoffte Gewinn durch den Bergbausektor blieb aus. Er trug nur mit 1,4 Prozent zum BIP im Jahr 2007 bei, während Landwirtschaft und Fischerei hingegen über 16,5 Prozent zum BIP beitrugen.

In seiner Antrittsrede verkündete Präsident Benigno Aquino, dass die Menschen seine Vorgesetzten seien und er seine Kampagne »Ohne Korruption auch keine Armut« (»*kung walang corrupt, walang mahirap*«) umsetzen wolle. Trotzdem führt er die Bergbaupolitik seiner Vorgängerin unter dem Banner des sozial verantwortungsbewussten Bergbaus fort. In einer seiner Reden sagte er ausdrücklich: »Die Philippinen haben riesige Rohstoffvorkommen, die noch unerschlossen sind. Sie haben eines der weltgrößten Gold-, Nickel-, Kupfer- und Chromitvorkommen. Durch verantwortungsbewussten Bergbau wollen wir mit dem Abbau der Ressourcen die Staatseinkünfte erhöhen«.[4]

An einem Inlandsflughafen in einer Provinz, in der eines der größten Bergbauunternehmen tätig ist, können wartende Passagiere ein Video sehen, das die Erfolge des Konzerns preist. Unter anderem zeigt das Video die gemeinnützigen Projekte, die von dem Unternehmen in den betroffenen Dörfern initiiert werden, wie die Errichtung von Schulen, Gemeindekliniken, Straßen und dem Ausbau des Stromnetzes. Unter dem Strich führt das zur Verschleierung der Tatsache, dass Grundversorgungsaufgaben eigentlich Staatsaufgaben sind, während die Unternehmen ihr Image als Wohltäter in der Öffentlichkeit aufbessern.

Im Gegensatz dazu kommt die Tatsache, dass viele Gemeinden gespalten sind, nicht an die Öffentlichkeit, solange niemand die betroffenen Gemeinden besucht und anhört. Die Erfahrungen vor Ort – zum Beispiel in Didipio in Nueva Viscaya, in Canatuan und Midsalip auf der Zamboanga Halbinsel, auf Rapu-Rapu in Albay, oder in Homonhon und auf Manicani Island in Samar – zeigen, dass Bergbau in Wasserschutzgebieten sofort spürbare Auswirkungen auf die benachbarten Gemeinden hat. Diese Abbaugebiete werden auch »*ground zero*« genannt. Oft sind die Indigenen Gemeinschaften am stärksten von den Auswirkungen des Abbaus betroffen, da der Bergbau auf dem seit jeher von ihnen und ihren Vorfahren bewohnten Gebieten am stärksten voran getrieben wird. Auf der anderen Seite ist es gerade in diesen Gebieten schwierig, Aktionen gegen den Bergbau durchzuführen, weil betroffene Gemeinden sich aufgrund ihrer Armut oder des politischen Drucks, der auf sie ausgeübt wird, gezwungen sehen, den Rohstoffabbau auch gegen ihren Willen zu akzeptieren.

Weiter entfernt vom unmittelbaren Radius des »*ground zero*« werden die Gegenstimmen schon lauter und Anti-Bergbau Kampagnen finden durch verschiedene Sektoren Unterstützung: So sind Bäuerinnen und Bauern, Fischer, Vereinigungen der Wassernutzer/innen, Expert/innen, Kirchengruppen und andere Organisationen Teil des organisierten Widerstands.

Der Widerstand gegen den Bergbau heißt für die Bergbaugegner/innen, dass sie ihr Leib und Leben riskieren und teilweise mit dem Gesetz in Konflikt geraten. Im Jahr 2011 suchten vier SoS Gemeinden rechtliche und finanzielle Hilfe. Eine Gemeinde strebt einen Gerichtsprozess gegen die Sicherheitskräfte der Bergbaufirma TVI in Canatuan (Zamboanga del Sur) an. Die Sicherheitskräfte erschossen einen oppositionellen Kleinschürfer. Die andere Gemeinde möchte eine *Fact-Finding Mission* in Marbel (Koronadal City, South Cotabato) organisieren, um den Fehlinformationen lokaler Medien entgegenzuwirken, die einen Anti-Bergbauaktivisten beschuldigen, einen Arbeiter einer Baufirma des Bürgermeisters ermordet zu haben. Eine dritte Gemeinde braucht finanzielle Hilfe zur Deckung der Anwaltskosten, um Mitglieder der Gemeinde vor Gericht in Midsalip (Zamboanga del Sur) zu verteidigen. Eine vierte Gemeinde sucht Unterstützung in einem Konflikt mit einer Behörde, die Bergbaukonzessionen auf ihrem Ahnenland vergeben hat.

Bergbau in Wasserschutz- und Umweltschutzgebieten

Die Philippinen sind eines von 18 Ländern auf der Welt mit einer sehr hohen Biodiversität: ein Großteil der Pflanzen- und Tierarten sind einzigartig und sind nur dort beheimatet. Die nur auf den Philippinen vorkommenden Arten sind unter den weltweiten ersten Zehn der endemischen Arten.[5] Die Zahlen der *Conservation International* bestätigen den Trend (vgl. Abbildung 5).[6]

Abbildung 5: Endemische Arten in den Philippinen (Quelle: eigene Darstellung)

Taxonomische Gruppierung	Arten	Endemische Arten	Anteil der endemischen Arten in Prozent
Pflanzen	9,253	6,091	65.8
Säugetiere	167	102	61.1
Vögel	535	186	34.8
Reptilien	237	160	67.5
Amphibien	89	76	85.4
Süßwasser-Fische	281	67	23.8

Dennoch fördert die Regierung den Bergbau weiterhin ohne Rücksicht auf Verluste. Viele lokale Regierungsstellen folgen der Agenda, obwohl sie drastische Auswirkungen auf die empfindlichen Natur-, Wasser- und Umweltschutzgebiete hat.

Sitio Dung-I im Barangay Camindangan (Negros Occidental), einer der Orte des Widerstandes und SoS des PMP, ist ein landwirtschaftlich geprägtes Dorf. Es liegt in einem Gebiet mit vielen verschiedenen Pflanzen- und Tierarten. Das Gebiet umfasst 15 Bäche und drei größere Flusssysteme, die in den Sipalay Fluss münden. Des Weiteren befinden sich drei Quellen im Dorf, die die einzige Trinkwasserquelle der Gemeinde sind. Ein Gebiet von 80 Hektar Wald ist das Zuhause einer

Das Ahnenland bietet nicht nur Nahrung und Schutz für die Indigene Bevölkerung, sondern auch die letzten Regenwälder, die wiederum etliche Tier- und Pflanzenarten beherbergen. Foto: M. Reckordt

vielfältigen Flora und Fauna, darunter das *bakatin* (Wildschwein). Auch andere bedrohte Tierarten der Region, wie das rot-gepunktete Reh, der vom Aussterben bedrohte philippinische Kakadu, der Blaunackenpapagei, der Nashornvogel und die Manila-Papageiamadine sind hier beheimatet. Der Stadtrat erklärte den Wald rund um den Fluss Sipalay zum Schutzgebiet.

Dennoch erlaubte die Stadtverwaltung den Unternehmen *Selenga Mines*, *Philex Mining Corporation* und *Maricalum Mining Corporation* nun Erkundungsbohrungen und Machbarkeitsstudien in der Stadt durchzuführen. Das geplante Abbaugebiet liegt in Sitio Dung-i, Barangay Manlocahoc in Sipalay City (SunStar Bacolod 2011).

Ein anderes Beispiel ist die Insel Manicani, ebenfalls SoS des PMPs. Manicani ist Teil der Gemeinde Guiuan in der Provinz Ost-Samar. Dieses Gebiet wurde am 26. September 1994 in der *Presidential Proclamation No. 469* zum geschützten Meeres- und Landgebiet erklärt (Cabueñas 2006). Dennoch gestattet die Regierung dort den Bergbau. Die Firma *Hinatuan Mining Inc.* (HMI), erwarb ihre Rechte zum Bergbau auf den Manicani Insel von *Palawan Syndicated Ventures Inc.* und nahm ihre Tätigkeit im Januar 1991 auf. Aber aufgrund der niedrigen Metallpreise und der begrenzten Nachfrage nach Nickel auf dem Weltmarkt, wurde der Abbau von Dezember 1993 bis 1996 eingestellt. Von 1997 bis 2001 wurden die Aktivitäten jedoch unter Protest verschiedener Akteure, darunter die Diözese von Borongan, wieder aufgenommen.[7]

Im Oktober 2010 leistete die Kirche von Borongan unter der Leitung von Bischof Crispin Varquez erneut Widerstand gegen die Bestrebungen von HMI, den Bergbau auf Manicani fortzusetzen. Neben ökologischen Bedenken, kritisierte die Kirche auch das bisherige Versagen der Firma HMI, die mit den Bewohner/innen von Manicani vereinbarten Auflagen einzuhalten. Das Unternehmen hatte zugesagt, unmittelbar nach Abschluss des Verladens von 150.000 Tonnen Nickelerz in den Jahren 2004 und 2005, die betroffenen Flächen wiederherzustellen. Das Erz wurde im offenen Tagebau gewonnen. (No. 8 of SB Resolution No. 32 series of 2004) (CBCP News 2010).

Ein großer Fortschritt der Anti-Bergbau-Kampagne war im Jahr 2009 die Entscheidung des *Sangguniang Panlalawigan* (Provinzrat) in Eastern Samar, ein Moratorium für mittelgroße und Groß-Bergbauprojekte in der gesamten Provinz zu verhängen. Im November 2010 sandten Vertreter der vier Barangays in Manicani jedoch eine Erklärung an die Stadtverwaltung, in der sie namentlich der Wiedereröffnung von Bergbauoperationen auf der Insel zustimmten. Die gleiche Erklärung fordert zudem die Aufhebung jeglicher Bergbauverbote in der Region, die von der Umweltbehörde aufgrund eines Briefes der Erzdiözese der Provinz vor einigen Jahren erlassen worden war (SunStar Tacloban 2010).

In South Cotabato muss für das Tampakan Bergbauprojekt eine Fläche von 20.000 Hektar Wald abgeholzt werden. Die Fläche befindet sich mitten in einem Wasserschutzgebiet. Das könnte zu einer Verknappung der lebensnotwendigen Wasserressourcen führen und Tausenden von Bäuerinnen und Bauern sowie Fischer/innen ihre Lebensgrundlage entziehen (Digal 2008). Darüber hinaus befinden sich im Bergbaugebiet auch die Hauptwasserquellen für vier Flüsse der Region. Tampakan gilt – sowohl in Hinsicht auf die Höhe der Investitionen, wie auf den Wert der vorhandenen, abbaubaren Rohstoffe – als ausgesprochen bedeutend. Es heißt, mit Kosten von 76 Millionen US-Dollar sei es die teuerste *Mining Project Feasibility Study* (Machbarkeitsstudie eines Bergbauprojektes) des Landes. Mit 5,2 Milliarden US-Dollar ist es zudem die größte Auslandsdirektinvestition in der Geschichte der Philippinen. Der Abbau soll planmäßig im Jahr 2016 starten. In Anbetracht der Größe des Projekts ist es nicht verwunderlich, dass die Regierung trotz des Widerstands der Kirche und der betroffenen Gemeinden fest entschlossen ist, das Projekt durchzuführen.

Ein wenig Hoffnung nährt ein neues Verfahrensrecht. Im April 2011 verkündete der Oberste Gerichtshof die *New Environmental Rules of Procedure*, um die Strafverfolgung bei Verstößen unter anderem gegen Umweltgesetze zu beschleunigen. Aufgrund der Bestimmungen dieses Gesetzes reichte die SoS-Gemeinde in Tandag (Surigao del Sur), zusammen mit vier anderen lokalen Organisationen, im November 2011 eine Petition zur Erteilung einer einstweiligen Verfügung (*Temporary Environmental Protection Order*) ein, um den Bergbau durch die *Marcventures Mining Development Corporations* (MMDC) vorübergehend zu stoppen. Der lokale Gerichtshof erteilte die einstweilige Verfügung und forderte das Bergbauunternehmen auf, den Abbau im Wasserschutzgebiet einzustellen, bis das Gericht die Region wieder frei gibt. Der von MMDC durchgeführte Abbau am Berg Hilong Hilong liegt in einer Hauptregion eines Biodiversitätsprogramms des Umweltministeriums.[8]

Die gleiche Bergbaufirma ist – gemeinsam mit der *Taganito Mining Corporation*, *Platinum Group Metals Corporation*, *Oriental Synergy Mining Corporation* und *Shenzou Mining Group Corporation* – Antragsgegner einer Petition der indigenen Manobo-Mamanwa Gemeinden, die aufgrund des gleichen Gesetzes beim Obersten Gerichtshof die Erteilung eines *Writ of Kalikasan* beantragt haben.[9]

Die besagten Gruppen Indigener beschrieben in ihrer Petition »wie die Bergbaufirmen vermutlich ihr angestammtes Land zerstörten, indem sie es zuließen, dass eine große Menge an Nickel die umliegenden Küstengewässer, Flüsse und Bachläufe erreichte« (GMA News 2011). Sollte die Petition bewilligt werden, müssten die Bergbaufirmen womöglich ihre Operationen dauerhaft beenden und für Schäden und die Rehabilitierung der in Mitleidenschaft gezogenen Gebiete aufkommen.

Initiativen für regionale Bergbau-Moratorien

Am 11. Juni 2011 verabschiedete der *Sangguniang Panlalawigan* von South Cotabato ein neues Umweltgesetz für die Region, den *Provincial Environment Code,* und verbot darüber offenen Tagebau in der Provinz. Das *Social Action Center* in Marbel, das zugleich die koordinierende Organisation der Anti-Bergbau-Kampagne des PMP für die Region ist, zählte zu den Befürwortern des Gesetzes. Das SAC hat den Prozess bis zur Verabschiedung des *Provincial Environmental Code* im Juni aktiv begleitet und unterstützt.

Diese Entwicklung in South Cotabato ist kein Einzelfall. Es gibt eine Welle von Anti-Bergbau Gesetzen und Verordnungen auf lokaler Ebene, die durch die örtlichen Behörden verabschiedet werden. Gesetzliche Grundlage dafür ist die kommunale Selbstverwaltung, die in der Verfassung von 1987 und dem *Local Government Code* von 1994 festgelegt wurde. Neben der Provinzregierung in South Cotabato haben Berichten zufolge auch Behörden in Bulacan, Quezon, Surigao del Norte, Zambales, Occidental and Oriental Mindoro, Davao Oriental, Capiz, Iloilo sowie Northern, Eastern und Western Samar lokale Verodnungen gegen kommerziellen Großbergbau erlassen oder entsprechende Beschlüsse gefasst. In Marinduque und Albay ist Bergbau schon seit Jahren verboten. Auch kleinere Verwaltungseinheiten – wie drei Gemeinden auf der Insel Sibuyan in der Provinz Romblon – haben von ihrem Recht unter dem *Local Government Code,* den kommerziellen Bergbau zu stoppen, Gebrauch gemacht (Manila Times 2010). Im Januar 2011 hat auch die Provinzverwaltung in Zamboanga del Norte eine Verordnung vorgeschlagen, die offenen Tagebau verbieten soll.

Diese Gesetzesinitiativen auf lokaler Ebene haben eine juristische Diskussion entfacht, ob lokale Verwaltungen überhaupt die Kompetenzen haben, solche gesetzlichen Maßnahmen für ihre Region zu ergreifen. Angesichts der Fülle solcher lokalen Gesetze und Verordnungen wird Präsident Aquino mit den Worten zitiert, dass »die Belange der örtlichen Bevölkerung an erster Stelle stehen, unabhängig davon, ob das Bergbauprojekt weitergeführt wird oder nicht« (Business World 2011b).

In der Zwischenzeit kritisiert die philippinische Bergbaukammer (*Chamber of Mines*)den fehlenden politischen Willen des Umweltministeriums, das Verbot des offenen Tagebaus in South Cotabato in Frage zu stellen (ABS-CBN 2011).

Das Ministerium für innere und lokale Angelegenheiten (*Department of Interior and Local Government*; DILG) ist der Meinung, dass das genannte Verbot nicht gesetzeskonform ist. DILG Sekretär Jessie Robredo hat der Provinz South Cotabato dazu geraten, ihre Umweltauflagen noch einmal zu überdenken (Philippine Daily Inquirer 2010b).

Das PMP jedenfalls ist überzeugt, dass die diskutierten Umweltauflagen in South Cotabato verfassungs- und gesetzeskonform sind. Nur das Gericht kann letztendlich über die Rechtmäßigkeit des Gesetzes entscheiden. Auch wenn die Meinung des DILGs eine große Rolle spielt, da es die lokalen Regierungsstellen (LGUs) beaufsichtigt, ist der Gerichtshof als dafür zuständige Institution nicht an solche Interpretationen gebunden.

PMP sieht das Drängen des DILG auf eine Überarbeitung des Memorandums als politischen Schachzug, um ein langwieriges Rechtsverfahren zu vermeiden, da sich dies negativ auf die Investitionen der Bergbaufirmen auswirken könnte. Ob das Verbot von offenem Tagebau tatsächlich verfassungskonform ist, muss diskutiert werden. Aus dem *Mining Act of 1995* geht nicht klar hervor, wie Bergbau betrieben werden sollte. Im Idealfall sollte die angewendete Abbaumethode mit den Bestimmungen des *Mining Act of 1995* übereinstimmen. Aus Absatz zwei geht hervor, dass die Ausbeutung, Nutzung und Erhaltung der mineralischen Vorkommen »durch kombinierte Bestrebungen der Regierung und des privaten Sektors stattfinden sollte, um nationales Wachstum so zu fördern, dass die Umwelt und die Rechte der Bewohner effektiv geschützt werden.«

Auf nationaler Ebene wurde ein Gesetzesentwurf in den Kongress eingebracht, der das derzeitige Bergbaugesetz ersetzen soll. PMP ist Teil des Netzwerkes *SoS Sagip Yaman ng Bayan*, das sich für den *Mineral Management Bill* (MMB) einsetzt. Der Gesetzesentwurf sieht unter anderem vor, offenen Tagebau zu verbieten, die

Was bleibt noch übrig für die nächsten Generationen? Foto: L. Breininger

maximale Laufzeit der Abbaulizenzen von heute 25 auf 15 Jahre zu beschränken, Menschenrechtsverletzungen als Grund für eine Entziehung der Abbaulizenzen zuzulassen und sicherzustellen, dass 60 Prozent des Eigentums an Bergbaufirmen in philippinischer Hand ist.

Die betroffenen Gemeinden stärken

In den vergangenen Jahren, seitdem die Anti-Bergbau Kampagne ins Leben gerufen wurde, haben die betroffenen Gemeinden es geschafft, die Aufmerksamkeit der Bergbaufirmen zu wecken und stellen inzwischen eine ernsthafte Herausforderung für die Regierung dar. Die Kampagne gegen Bergbau wird auf lokaler Ebene durch die Diözesen und Kirchengemeinden sowie Partner-NGOs, den Basisgruppen und den SACs umgesetzt – entweder über dezidierte Anti-Bergbau-Programme oder im Rahmen der Arbeit – zu Themen wie Umwelt, Gesundheit, Gerechtigkeit und Frieden.

Die Kampagne versucht durch unterschiedliche Formen Protestes, Aufmerksamkeit zu erregen. Hierzu zählen zum Beispiel Demonstrationen, gemeinsame öffentliche Gebete, Aufstellen von Streikposten am Bergbaugelände und sogar Hungerstreiks. Auch die Predigten während Eucharistiefeiern oder kulturellePräsentationen bieten die Möglichkeit, in kreativer Form mit dem Thema Bergbau, an die Öffentlichkeit zu treten. Mindestens zwei der koordinierenden Organisationen der Kampagne haben über eigene Radioprogramme direkten Zugang zu den Medien. Andere greifen zu juristischen Maßnahmen, führen Fortbildungen durch oder treiben die Bildung von Netzwerken und Koalitionen voran. Einige wenige SoS führen Projekte zur Existenzsicherung durch, um alternative Einkommensmöglichkeiten zum Bergbau aufzuzeigen (Inquirer, 12.9.2010).

Bis heute unterstützt das PMP die SoS-Gemeinden vor allem durch die folgenden Komponenten:

1.) Stärkung der SoS durch Ausbau von deren eigenen Fähigkeiten und durch Fortbildungsangebote sowie technische, logistische und juristische Unterstützung;
2.) Lobby- und Advocacy-Arbeit für politische Reformen auf lokaler, regionaler und nationaler Ebene sowie
3.) Auf- und Ausbau von nationaler und internationaler Solidarität für die Kampagnenarbeit vor Ort.

Anmerkungen

1 Verlaufsprotokoll des »National Anti-mining Campaign Strategy Meeting«, 19. bis 21. August 2009, Fersal Place Hotel, Quezon City, S. 5.
2 SoS Konferenz, 4. bis 6. April 2011, Quezon City.
3 SAC sind Einheiten der katholischen Kirche der Philippinen, die sich insbesondere für soziale Gerechtigkeit in den Gemeinden und Diözesen, in denen sie tätig sind, einsetzen.
4 Anmerkung des Präsidenten Benigno S. Aquino III im Auswärtigen Amt, September 23, 2010, CFR Auditorium, 58 East 68th St., New York City, http://www.dfa.gov.ph/main/index.php/remarks-of-his-excellency-benigno-s-aquino-iii-president-of-the-philippines-at-the-council-on-foreign-relations
5 Endemisch bedeutet, dass die Arten nur an einem bestimmten Ort existieren können (http://www.neda.gov.ph/PDP/2011–2016).
6 Siehe unter: http://www.biodiversityhotspots.org/xp/Hotspots/philippines/Pages/biodiversity.aspx
7 Siehe unter: http://homonhon.blogspot.com/
8 Siehe unter: http://www.insidemindanao.com/june2011/Longest TEPO.pdf.
9 Diese gerichtliche Verfügung steht natürlichen oder juristischen Personen, autorisierten Instanzen, sozialen Organisationen, NGOs oder öffentlichen Interessengruppen durch die Registrierung einer Regierungsinstanz zur Verfügung, wenn die Umwelt geschädigt oder bedroht ist. Wobei die Umweltschäden durch illegale Handlungen entstanden sein können oder das Leben, die Gesundheit und das Eigentum der Anwohner zerstört und sich über ein Gebiet von zwei oder mehr Städten oder Provinzen erstreckt (Sec. 1 Rule 7, New Rules of Environmental Procedure).

Das Bergbauprojekt auf Rapu Rapu: Ein rechtsfreier Raum?
Von Daniel Böhme

> »Mining is the biggest tragedy to my province.«
> (Joey Sarte Salceda, Gouverneur der Provinz Albay)
>
> »Mining in a fragile ecosystem is itself a human rights violation, because you are playing with the livelihood, you are risking the livelihood.«
> (Virgilio S. Perdigon Jr., Wissenschaftler)

Bereits im 18. Jahrhundert fanden erste »Erklärungen zu Menschen- und Bürgerrechten« Eingang in Verfassungen nordamerikanischer und europäischer Staaten. Doch erst mit der Verabschiedung der »Charta der Vereinten Nationen« im Jahr 1945 und der »Allgemeinen Erklärung der Menschenrechte« drei Jahre später bekamen die Menschenrechte weltweite Gültigkeit (Utz 2010, S. 5). Nachdem insbesondere die westlichen Industriestaaten, vor allem die bürgerlichen und politischen Menschenrechte lange in den Vordergrund stellten, rückten Jahrzehnte später die wirtschaftlichen, sozialen und kulturellen Menschenrechte (WSK-Rechte) verstärkt in das Bewusstsein der Öffentlichkeit.[1] Schließlich registrierte die Gesellschaft, dass der Abbau des Sozialstaates, Umweltzerstörungen und Landenteignungen auch die bürgerlichen und politischen Menschenrechte in Frage stellen. Die »Unteilbarkeit der beiden Dimensionen der Menschenrechte« (Reese 2009, S. 7) wurde umso deutlicher, denn wenn Menschen von Hunger und Armut bedroht sind, bestreiten sie einen täglichen Überlebenskampf, welcher es ihnen erschwert ihre politischen Rechte wahrzunehmen.

Genauso ergeht es den Menschen oft in den ländlichen Gebieten der Philippinen, wo für die vermeintliche »Entwicklung« einer Region unter anderem die Zerstörung der Umwelt durch Großbergbau hingenommen werden muss. Und um diese »Entwicklung« durch ausländische Investoren zu fördern, zieht sich der Staat – ganz im Sinne einer neoliberalen Logik – auf ein Minimum zurück. Die philippinische Regierung macht ausländischen Investoren viele Zugeständnisse, lässt den Unternehmen weitgehend »freie Hand«. Der Staat, der eigentlich die »Hauptverantwortung für die Umsetzung der Menschenrechte« (Achtungs-, Schutz- und Gewährleistungspflichten) innehat, tritt nun fast ausschließlich als Schützer der ausländischen Investitionen auf, in dem zum Beispiel die Aufstellung sogenannter *Investment Defense Forces* erlaubt wird, also bewaffnete Einheiten zum Schutz von Investitionen aufgestellt werden dürfen (vgl. Kapitel VII). Der Staat hingegen zieht sich gegenüber seinen Bürger/innen aus der Verantwortung (Utz 2010, S. 7).

Aufgrund dieser Ausgangslage kommt es in Bergbaugebieten überall auf der Welt zu Verletzungen von WSK-Rechten. Besonders häufig werden diese Menschenrechtsverletzungen in sogenannten Entwicklungsländern registriert. Auch in den über 20 Großbergbauprojekten auf den Philippinen kommt es zu Missachtungen der Rechte auf Nahrung, Arbeit, Bildung und vieler mehr (Earthworks et al 2007, S. 2 ff.).

Das Fallbeispiel aus Rapu Rapu zeigt zahlreiche Missachtungen von WSK-Rechten, die die Existenz der Bevölkerung nachhaltig bedrohen. Der folgende Artikel beschreibt den Bergbaukonflikt auf der rund 50 km² großen Insel und diskutiert dessen Auswirkungen auf die Umwelt und die Lebensbedingungen der lokalen Bevölkerung im Hinblick auf wirtschaftliche, soziale und kulturelle Menschenrechte. Dabei ist Rapu Rapu vielleicht ein erschreckendes, aber längst kein einmaliges Beispiel für fehlgeschlagene Wirtschaftspolitik in den Philippinen.

Das einstige Flaggschiff

Die eingangs genannten Zitate belegen, dass sich Politik und Wissenschaft heute sehr eindeutig gegen das bedeutendste Bergbauprojekt ihrer Provinz positionieren. Dabei galt das einstige Flaggschiff philippinischer Bergbaupolitik jahrelang als Vorzeigeprojekt für sogenanntes *Responsible Mining* (Arraya 2005), verantwortlichem Handeln seitens des Staates und der Wirtschaft gegenüber der Provinz und seinen Bewohner/innen. Jedoch bemängelten Kritiker/innen schon früh die vielen ökologischen, sozialen und wirtschaftlichen Folgeschäden, die das Großbergbauprojekt mit sich bringt.

Die Gemeinde Rapu Rapu gehört zur Bicol Region[2] der Philippinen, liegt in der Provinz Albay und besteht aus den drei Inseln Rapu Rapu, Batan und Guinangayan. Die Insel Rapu Rapu ist 5.589 Hektar groß und vornehmlich von Hügeln geprägt. Bedingt durch die physischen Gegebenheiten bewohnen die etwa 12.000 Einwohner/innen der Insel vor allem einen schmalen Streifen entlang der Küste. Die 13 Siedlungen der Insel sind meist nur über einen Wasserweg verbunden (National Statistics Office 2007, S. 1 ff.).

Wie für die Region typisch, beherrschen starke Regenfälle mit sich abwechselnden Phasen geringeren Niederschlags das Klima. Vor allem während der Taifunsaison von August bis Januar kommt es deshalb auf Rapu Rapu immer wieder zu starken Überschwemmungen. Die Bevölkerung ist auf das Süßwasser der 60 Wasserläufe und das Grundwasser ihrer Insel angewiesen (Pagasa 2000 & Municipality of Rapu-Rapu 2002, S. 7 ff.).

Die wirtschaftliche Grundlage und Haupteinkommensquelle der lokalen Bevölkerung, ist die sie umgebende Natur. So beziehen die Einwohner/innen Rapu Rapus ihr Einkommen größtenteils aus Fischerei und Landwirtschaft. Insgesamt werden 26 Fischarten kommerziell genutzt, jeder dritte Haushalt lebt direkt vom Fischfang. Auf rund 50 Prozent der Inselfläche werden Kokosnüsse, Abacá und Obst angebaut, wobei der Ertrag der kleinen und oft wenig ergiebigen Parzellen in vielen Fällen nur eine Einkommensergänzung darstellt (Municipality of Rapu-Rapu 2002, S. 55 ff.).

Neben Fischerei und Landwirtschaft bildet der Bergbau bereits seit vielen Jahrzehnten ein wichtiges Standbein der lokalen und regionalen Wirtschaft.[3] Die Anfänge des industriellen Bergbaus auf Rapu Rapu lassen sich gar bis in die spanische Kolonialzeit zurückverfolgen. Bis in die 1990er Jahre bauten zahlreiche

Lafayette macht sich mit seinem Vorgehen bei der lokalen Bevölkerung unbeliebt.
Foto: D. Böhme

nationale und internationale Bergbaufirmen mit verschiedenen Methoden auf der Insel vor allem Gold ab – über und unter Tage. Doch erst mit der zunehmenden Liberalisierung der philippinischen Wirtschaft – vor allem durch die Präsidenten Ramos und Arroyo – gelang es internationalen Bergbauunternehmen sich im großen Stil anzusiedeln (Regis 2008, S. 32).

Auch das australische Unternehmen *Lafayette Mining Limited* versprach sich von den neuen Rahmenbedingungen in den Philippinen ein gutes Geschäft und begann im Jahr 2004 als Hauptanteilseigner mit dem Bau und dem Betrieb einer Mine auf einem rund 1.719 Hektar großen Gebiet im äußersten Südosten der Insel. Im Tagebauverfahren baute die Tochterfirma *Rapu Rapu Minerals Inc.* hier vor allem Gold und Kupfer ab und wurde dabei unter anderem von der niederländischen Investmentbank *ABN Amro* finanziert (Böhme 2009, S. 37; Nostromo Research 2011).

Um schnelle Erfolge zu erzielen und der Wirtschaft zu neuem Wachstum zu verhelfen, identifizierte die philippinische Regierung im Jahr 2004 im Rahmen des *Mineral Action Plan* »*24 high priority mining projects*« (Dumangas 2008, S. 121). Das erste Flaggschiff-Projekt der Arroyo-Regierung, das nach der Revitalisierung des Bergbaus im Jahr 2004 operabel wurde, war das *Rapu Rapu Polymetallic Project* (RRPP) (Parone 2007, S. 1). Die philippinische Regierung machte RRPP zu seinem Vorzeigeprojekt für ausländische Investoren und *Responsible Mining* (Dumangas 2008, S. 122).

Bereits mit dem Beginn des eigentlichen Abbaus von Metallen im Jahr 2005 traten die ersten schwerwiegenden Umweltveränderungen und -zerstörungen[4] auf der Insel und auf Kosten ihrer Bewohner/innen ein, die schon bald zu starken Protesten seitens der lokalen Bevölkerung führten. Nach und nach gelang es zahlreichen hinzukommenden Wissenschaftler/innen, Nichtregierungsorganisationen (NGOs) und Initiativen zusammen mit der Bevölkerung der Insel Rapu Rapu, viele Menschenrechtsverletzungen aufzudecken und anzuprangern. Diese Verstöße, die vor allem die wirtschaftlichen, sozialen und kulturellen Menschenrechte betreffen, werden im folgenden Abschnitt angesprochen.[5]

Die Menschenrechte: Ein Spielball ökonomischer und politischer Interessen?

Das wohl deutlichste Zeichen einer schlagartigen Umweltveränderung auf der Insel ist das Auftreten von Fischsterben (*fish kills*). Jedem offiziell registrierten Fischsterben geht ein Zwischenfall auf dem Minengelände voraus. Untersuchungen von Behörden und Wissenschaft ergaben immer wieder, dass das durch Schwermetall belastete Abwasser in die Bäche der Umgebung und damit in das angrenzende Meer gelangt, bevor die Bewohner/innen der benachbarten Siedlungen tote Fische und Krebstiere an ihren Stränden finden. Insgesamt sind bisher vier Unfälle dieser Art offiziell registriert worden (zweimal im Jahr 2005 sowie je einmal im Jahr 2006 und 2007), von denen aber nur die ersten beiden offiziell mit Fischsterben in Verbindung gebracht werden. Nachfragen bei Anwohner/innen tragen weitaus höhere Zahlen von Fischsterben zu Tage, die aber nicht wissenschaftlich belegt sind: »*Until today we have registered 31 fishkills. […] Something has polluted the seawater over night and made many fish die. We notice that by seeing the beach over and over covered with dead fish. Everywhere are dead fish, crabs, mussels and even dolphins*« (Interview mit Amado Reyes[6]).[7]

Darüber hinaus bestätigt die Wissenschaft immer wieder die starken negativen Auswirkungen von Säuren[8], die durch das Schürfen von Erzen freiwerden und ebenfalls über die Bäche in die Umwelt gelangen. Im Gegensatz zu den angesprochenen Unfällen handelt es sich hierbei jedoch um eine stetige Umweltverschmutzung, deren Auswirkungen auf die Tier- und Pflanzenwelt an Land und im Wasser noch nicht abzusehen sind (Regis 2008, S. 15).

Aus zwei Gründen sind diese Formen der Umweltverschmutzungen besonders gravierend. Die Fischer – über 70 Prozent der Bevölkerung auf Rapu Rapu leben direkt oder indirekt vom Fischfang – sehen ihre Einkommensgrundlage schwinden. Schon seit Jahren fällt ihnen auf, dass sie pro Tag weniger Fisch fangen (Interviews mit Restituto Cruz und Bartolome Santos). So erklärt der Priester der lokalen

Trinkwasser und Lebensquelle werden in großem Maße vom Bergbau verseucht. Foto: M. Reckordt

Das Bergbauprojekt auf Rapu Rapu

katholischen Gemeinde: »*When the fishermen go out to go about their work, they immediately notice a decline of the fishing quota. After every fishkill it takes them longer to catch enough fish for their living*« (Interview mit Amado Reyes). Dazu kommt noch, dass das Fischsterben auch auf dem Festland Panik vor mit Schwermetallen belastetem Fisch auslöst und die Fischer ihre Ware nicht mehr verkaufen können. Dies war insbesondere nach den Fischsterben im Oktober 2005 der Fall. Genährt werden die Ängste durch Berichte von Medien und NGOs über mysteriöse Krankheits- und Todesfälle (Interview mit Ligaya Mendoza und The Philippine Star 2007; vgl. Kasten: Das Ökodesaster von Marinduque).

Das Ökodesaster von Marinduque

Am 24. März 1996 ereignete sich auf der Insel Marinduque, in der Region MIMAROPA, eines der bisher größten Desaster der philippinischen Bergbaugeschichte. Ein Rückhaltebecken des Tapian Tagebaus von *Marcopper*[1] brach und drei bis vier Millionen Tonnen Giftschlamm verseuchten den 26 km langen Boac River sowie den Makulapnit River. Beide gelten heute als ökologisch tot. Das Leben von Mensch und Natur wurde durch die verheerende Verschmutzung extrem geschädigt.

Der ehemalige Tapian Tagebau wurde 1992 von Marcopper zum Lagerplatz für Bergbaurückstände des angrenzenden San Antonio Tagebaus umfunktioniert. Die Eignung des Tapian Tagesbaus als Lagerstätte für hochgiftige Bergbaurückstände wurde jedoch nie geprüft (Coumans 2002).

Eine aus sechs Wissenschaftlern bestehende UN-Untersuchungskommission untersuchte im April 1996 fünf Tage lang die betroffenen Gebiete. Sie stufte das Ereignis als Umweltkatastrophe[2] ein und vermerkte die signifikante Degradierung des Makulapnit-Boac-Flusssystems. Die Flora und Fauna des Flusses und der Meeresbucht sowie die Nutzung des Wassers für den häuslichen und landwirtschaftlichen Bedarf sei nicht mehr möglich. Es gäbe zwar noch keinen Beweis für eine akute Vergiftungsgefahr der Bevölkerung infolge der Katastrophe, jedoch bestünde eine erhöhte Gesundheitsgefahr, falls sich die Klärschlämme in der Regenzeit ausbreiten würden (Tolentino 2008).

In einem Brief vom 11. April 1996 schrieb der damalige Geschäftsführer von *Placer Dome* John Willson[3], dem damals amtierenden Präsidenten Fidel Ramos: »Die Bewohner von Marinduque, die persönliche Unannehmlichkeiten erlitten haben oder deren Eigentum im Rahmen des Marcopper Ereignisses beschädigt wurden, werden schnell und fair entschädigt. (…) Placer Dome erkennt die Verantwortung für die Rehabilitation aller Gebiete, die von den Bergbaurückständen betroffen sind, an« (Coumans 2002).

Auch 15 Jahre nach der Katastrophe befindet sich ein Teil der schwermetallbelasteten Klärschlämme im Flussbett, die angekündigte Rehabilitation hat nie stattgefunden. Tausende Dorfbewohner/innen warten noch immer auf eine Entschädigung. Zudem beobachten Mediziner/innen eine Zunahme von Krankheiten bei Kindern, die auf die giftigen Ablagerungen zurückgeführt werden (Datinguinoo, 2002). Laut Myke Magalang, Vorsitzender vom *Marinduque Council for Environmental Concerns* (MACEC), sterben viele Anwohner/innen »aufgrund von Schwermetallvergiftungen« (minesandcommunities 2007).

Laut Greenpeace wurden der Calacan Bucht, in die das Flusssystem mündet, zwischen 1975 und 1988 schätzungsweise 200 Tonnen Giftschlamm zugeführt (Greenpeace International 2002). Dabei wurden Korallenriffe, Seegras sowie der Meeresgrund auf einer Fläche von 80 Quadratkilometern mit verseuchten Bergbaurückständen bedeckt. Catherine Coumans von *MiningWatch Canada* sagt: »Ich lebte mit den Fischerfamilien und kann bezeugen, dass 24 Stunden am Tag Bergbaumüll in die Calacan Bucht gepumpt wurde. Ich habe gesehen, wie sie ihre Lebensgrundlage und Gesundheit verloren haben« (MiningWatch 2005).

Untersuchungen im Auftrag von Marcopper haben jedoch keine Überschreitung der Schwellenwerte im Wasser feststellen können. Auch die Konzentration der Spurenmetalle in Fischen, Schnecken, Garnelen und Salaten sollen innerhalb der erlaubten Grenzwerte liegen (Bulaong 2004; S. 10).

»Das Boac-Desaster ist eine grauenhafte Erinnerung an die irreversiblen Schäden, die der Großbergbau in der Umwelt und im Leben der betroffenen Menschen hinterlässt. Heute leiden wir auch noch unter zwei weiteren Katastrophen – unter der Straffreiheit von Marcopper und Placer Dome (…) und unter der Weigerung von Seiten unserer Regierung aus dem verheerenden Ereignis zu lernen«, sagt Judy A. Pasimio, Geschäftsführerin von *Friends of the Earth Philippines* (Alyansa Tigil Mina 2011).

Shane Fischer

Anmerkungen

1 Marcopper betrieb auf der Insel Marinduque seit 1969 Kupferbergbau. In der langjährigen Geschichte wird dem Unternehmen von Anwohner/innen und verschiedenen Umweltorganisationen wie Marinduque Council for Environmental Concerns (MACEC) großflächige Umweltzerstörung auf der Insel vorgeworfen.

> 2 Eine Umweltkatastrophe ist eine von Menschen verursachte, plötzliche und äußerst starke Beeinträchtigung der Umwelt, die die Krankheit oder den Tod von vielen Lebewesen zur Folge hat.
> 3 Placer Dome hielt zu dem Zeitpunkt 39,9 Prozent der Aktien an Marcopper und übte die Management-Kontrolle aus.

Im Gegensatz dazu betonen die Bergbaufirmen gerne die vielen ökonomischen Vorteile der Mine für die lokale Bevölkerung. Ihr wichtigstes Argument ist dabei, dass sie den größten Arbeitgeber der Insel darstellen.[9] Gerade in den ersten Jahren des Betriebs versprachen sich deshalb viele Bewohner/innen von Rapu Rapu einen Arbeitsplatz in der Mine und somit wirtschaftlichen Aufschwung für die Familie (Interview mit Gabriela Mercado). Nach dem Bau der Mine bietet diese jedoch nur 836 Arbeitsplätze, von denen gerade einmal 53 Prozent mit Menschen aus Rapu Rapu besetzt sind (RRMI 2008, S. 31 ff.). Es wurden viel weniger Arbeitsplätze geschaffen, als vorher angekündigt (Interviews mit Danilo Castillo, Bituin Rivera und Ruperto Salazar). Den rund 450 Arbeitnehmer/innen der Mine, die von der Insel stammen und für die das Einkommen zu einer Verbesserung der Lebensverhältnisse beigetragen hat, stehen tausende von Inselbewohner/innen und ihre Familien gegenüber, deren Einkommen und damit die Lebensverhältnisse durch die Mine beeinträchtigt werden, wie durch den Fischschwund (Greenpeace 2006, S. 56 ff.).

Aufgrund der Einnahmeverluste vieler Fischerfamilien und der immer geringer werdenden täglichen Fangmengen, können sich viele Familien nur noch schwer selbst versorgen. Auch die Bauernfamilien müssen aufgrund von Erosionen immer wieder Ernteausfälle hinnehmen, die ihre Existenz bedrohen. Als Folge erklärte der Bürgermeister von Rapu Rapu schon mehrmals den Notstand. Auch am 28. Oktober 2007, als es erneut zu einem Fischsterben gekommen war, erklärte er den Notstand in allen Siedlungen der Insel, da 80 Prozent der Bevölkerung Angst vor dem Verzehr von Salzwasser-Produkten aus der Umgebung hatten und sich nicht mehr selbst versorgen konnten (Philippine Daily Inquirer 2007, Rodriguez 2007 und Ito 2007).

Auch die Versorgung der Bevölkerung mit sauberem Trinkwasser ist gefährdet. Wie oben bereits beschrieben, gelangen immer wieder Schwermetalle (z.B. Cadmium), aber auch Arsen und Schwefelsäure in die Bachläufe und in das Grundwasser der Insel. Die Aufnahme dieser Stoffe in den menschlichen Organismus oder der bloße Kontakt mit ihnen kann schwerwiegende Folgen für die Gesundheit haben (Regis 2008, S. 39 ff.; Greenpeace 2007, S. 1).

Abgesehen von potentiellen Erkrankungen durch belasteten Fisch – wofür es bisher noch keine gesicherten wissenschaftlichen Erkenntnisse aus Rapu Rapu gibt – nehmen nach Aussagen von NGOs, der lokalen Bevölkerung und vor Ort tätigen Ärzten die Krankheiten durch belastetes Grundwasser zu. Zwar gibt es zu dem Thema noch keine Studien, doch ein Mediziner aus dem Krankenhaus in Rapu Rapu berichtete im Jahr 2007 von zunehmenden Hautkrankheiten und Allergien, die er auf belastetes Grundwasser zurückführte: »*Especially the allergies probably result from the contamination of water and drinking water*« (Interviews mit Ernesto Bautista und Ligaya Mendoza, vgl. CEC 2007, S. 17 f.). Die Bergbaufirmen haben solche Vorwürfe stets als Verleumdung zurückgewiesen (The Philippine Star 2007).

Neben der Verletzung des Menschenrechts auf Gesundheit, wird auch das Menschenrecht auf einen angemessenen Wohnraum verletzt. Zu einem Konflikt um Landrechte kam es unter anderem zwischen (zwangs-)umgesiedelten Familien in der direkt benachbarten Siedlung Pagcolbon und dem Minenbetreiber. Bei der Umsiedlung in neu gebaute Häuser ein paar hundert Meter von den vorherigen Grundstücken entfernt, sei den Betroffenen auch das Eigentum an den neuen Grundstücken versprochen worden, so eine Bewohnerin (Interview mit Hilaria Castro). Bis zum Zeitpunkt des letzten Besuchs im Jahr 2009 wurden den Bewohner/innen dieser Siedlung die neuen Grundstücke jedoch noch nicht überschrieben. Bis auf weiteres bleiben die Grundstücke und damit die darauf gebauten Häuser in der Hand der Bergbauunternehmen. Auf diese Weise haben die Minenbetreiber einen Teil der Bevölkerung in der Hand: Bei etwaigen Protesten der Dorfbewohner/innen könnten diese von dem Land vertrieben werden.

Mit dem Bau der Mine durch die ausländischen Investoren verpflichteten sich diese auch dazu, einen Teil der Einnahmen in die Entwicklung der Siedlungen von Rapu Rapu zu investieren. Die Unternehmen versprachen nicht nur einkommensgenerierende Projekte umzusetzen, sondern vor allem den auf der Insel lebenden Kindern eine bessere Bildung zu ermöglichen. Eigens dafür wurden zum Beispiel Schulstipendien aufgelegt und ein Fahrdienst zur Schule eingerichtet. Verschiedene Untersuchungen haben jedoch ergeben, dass ein Großteil dieser Projekte wirkungslos bleibt. Die Unternehmen investieren zu wenig Geld und Personal, so dass viele Projekte scheitern oder ihre Wirkung verfehlen (Greenpeace 2006, S. 47 ff.). Stellen sich Familien gegen die Mine und ihre Betreiber, wird ihnen die Möglichkeit der Teilhabe an den Projekten entzogen. Die Stipendien dienen gleichzeitig als Instrument die lokale Bevölkerung zu »kaufen« (Interview mit Ligaya Mendoza).

Mit Blick auf die angesprochenen Verletzungen von wirtschaftlichen und sozialen Menschenrechten, zeigt sich, dass es – allen Akteuren voran – der Staat nicht schafft seinen Aufgaben als »Wahrer« dieser Rechte nachzukommen. Im Gegenteil, die Bergbauunternehmen scheinen nahezu freie Hand zu haben und keine Konsequenzen fürchten zu müssen. Anders lässt es sich nicht erklären, dass durch den (unsachgemäßen) Betrieb der Mine (RRFFCR 2006) in einem hochsensiblen Ökosystem (Regis 2008) derartig viele Menschenrechte missachtet werden. Im Gegensatz zu allen Versprechungen wird vielen Bewohner/innen ihre Einkommensgrundlage entzogen (Missachtung des Rechts auf Arbeit), sie leiden an Nahrungsmangel und verlieren den Zugang zu sauberem Trinkwasser[10] (Missachtung des Rechts auf Nahrung und sauberes Trinkwasser). Die Gesundheit der Bevölkerung wird verstärkt durch Abwässer der Mine gefährdet[11] (Missachtung des Rechts auf Gesundheit) und sie werden auf Grundlage leerer Versprechungen im Grunde enteignet (Missachtung des Rechts auf eine angemessene Wohnung). Der Zugang zu Bildung verbessert sich höchstens bei der Befürwortung des Bergbauprojektes (Missachtung des Rechts auf Bildung). An dieser Stelle wird besonders deutlich, wie schwerwiegend der Rückzug des Staates aus diesen Aufgabengebieten ist. Indem den privaten Minenbetreibern die Umsetzung von »*community development*« anvertraut wird, gibt der Staat auch die Verantwortung und die Kontrolle über die weitere Entwicklung der Insel ab. In der Folge setzen die Minenbetreiber dieses Programm vor allem als Instrument zur Manipulation der Bevölkerung zu eigenen Zwecken ein (Interview mit Ligaya Mendoza).

Wegen der zahlreichen tiefgreifenden Umweltveränderungen durch den Betrieb der Mine, erhöht sich auch die Verwundbarkeit der Natur und der lokalen Bevölkerung gegenüber Naturkatastrophen und den Einflüssen des Klimawandels. Vorgenommene Rodungen für Probebohrungen erhöhen die Gefahr von Erdrutschen bis hin zu Schlammlawinen. Starke Sedimentablagerungen auf den Korallen, die

Als Ergebnis von Bergbauaktivitäten treten Landrutsche in den Philippinen vermehrt auf und gefährden viele Menschen. Foto: M. Reckordt

von den Minenabwässern herrühren, zerstören in zunehmendem Maße die Riffe, was wiederum zu einer erhöhten Gefahr von Flutwellen führt (CEC 2007, S. 15 ff.). So kommt es nach Aussagen der lokalen Bevölkerung immer öfter zu Erdrutschen, durch die in den letzten Jahren mehrere Menschen getötet und Häuser zerstört wurden (Interview mit Chesa Flores). Bei der letzten großen Sturmflut konnten viele eigens gebaute Sturmmauern den Fluten nicht mehr standhalten, viele Siedlungen standen unter Wasser.

Aufgrund der mangelhaften Kontrolle durch den Staat und unter dem (Handlungs-) Einfluss der relativ starken Wirtschaftsakteure erhöht sich die Verwundbarkeit (*vulnerability*) der Einwohner/innen von Rapu Rapu. Durch den Bergbau haben sie im Laufe der Jahre einen Teil ihrer Lebensgrundlage verloren oder sie ist zumindest stark bedroht. Dies hat vor allem etwas mit der großen Abhängigkeit der Bevölkerung von den naturräumlichen Ressourcen (zum Beispiel als Einkommensquelle der Fischer) und der mangelnden Fähigkeit zu tun, die entstehenden und bestehenden Schwierigkeiten und Abhängigkeiten zu kompensieren (zum Beispiel durch fehlende Gestaltungsmöglichkeiten oder beeinflussende Gesetze). Die zunehmende soziale Verwundbarkeit der Bevölkerung und die abnehmenden Möglichkeiten für sich selbst zu sorgen und nicht von anderen Wirtschaftszweigen abhängig zu werden, setzen die Menschen unter Druck. Das Recht über das eigene Schicksal (mit) zu entscheiden, wird der lokalen Bevölkerung durch mächtigere Akteure über formale Wege (zum Beispiel durch die Ausnutzung der Möglichkeiten, die das Bergbaugesetz bietet) oder über inoffizielle Wege (zum Beispiel durch den Einsatz von Gewalt; vgl. Kapitel VII) entzogen bzw. massiv eingeschränkt. Im Rückblick scheinen die Menschenrechte im Fall Rapu Rapu demnach zu einer Art Spielball der mächtigen Akteure aus Staat und Wirtschaft geworden zu sein. Je nach Belieben werden die hier aufgeführten sowie weitere Menschenrechte verletzt oder gebrochen, wenn sie den eigenen Interessen im Weg stehen (Böhme 2011, S. 118).

Erfolge und Rückschläge im Kampf für eine selbstbestimmte Zukunft

Um die eigenen Geschicke wieder stärker selbst zu bestimmen, hat sich ein Teil der Bevölkerung, der gegen das Bergbauprojekt ist, in einer Initiative zusammengeschlossen und organisiert seit vielen Jahren den politischen Protest gegen die Mine. Dabei erhält die Bevölkerung Unterstützung aus der Wissenschaft, den Kirchen, vielen NGOs und anderen Allianzen sowie zunehmend auch von der Politik. Immer wieder werden Demonstrationen veranstaltet, den Bewohner/innen der Insel wird vermittelt, wie sie ihre persönlichen Rechte und Möglichkeiten gegen das Projekt durchsetzen können.

Im Jahr 2008 wähnten sich die Menschen in der Region bereits am Ziel: Der australische Hauptinvestor der Mine musste Konkurs anmelden. Während die

Großbergbau gefährdet die Nahrungssicherheit vieler Dörfer. Foto: L. Breininger

Bergbaugegner/innen schon die endgültige Schließung des Projektes feierten, starteten die Verhandlungen um neue Investoren. Die Hoffnung vieler Menschen, das Bergbauprojekt würde eingestellt, erfüllte sich nicht. Im September 2008 gelang es den Verantwortlichen schließlich die Unternehmenskonstellation umzustellen und einen neuen Anteilseigner zu gewinnen: *Malaysian Smelting Corp.* (Financial 2008). Die früheren »kleinen« Anteilseigner am Projekt *Korea Resources Corp.* (KORES) und *LG International* übernahmen schließlich 70 Prozent der Unternehmensanteile und der neue Partner *Malaysia Smelting Corp.* kaufte 30 Prozent der Anteile auf. Seit September 2008 kontrollieren diese drei Investoren das *Rapu Rapu Polymetallic Project* (ebd.). Bis heute (Juli 2011) wird weiterhin vor allem Kupfer und Zink gefördert. An den Lebensbedingungen der Menschen hat sich bisher nichts verändert. Auch weiterhin belasten Minenabwässer die Umwelt und gefährden Tiere, Pflanzen und die dort lebenden Menschen.

Einziger Lichtblick der Bergbaugegner ist nun das (offiziell) geplante Ende der Bergbauaktivitäten im Jahr 2013. Die Menschen klammern sich an die Hoffnung, dass die Mine dann in das Rehabilitationsprogramm überführt wird, dem Gelände eine neue Nutzung zukommt. Diese Hoffnung wird jedoch durch den Fund einer Karte getrübt, die vermutlich die eigentlichen Pläne der Bergbauunternehmen offenbart: Die Karte zeigt die angestrebte Erweiterung der Projektfläche auf über

80 Prozent der gesamten Inselfläche. Dies hätte massive Umsiedlungsmaßnahmen und vermutlich die totale Zerstörung des sensiblen Ökosystems zur Folge (Interviews mit Gregorio Torres und Honesto Aquino).

Der Gouverneur der betroffenen Provinz Albay – mittlerweile ein entschiedener Gegner von Großbergbauprojekten – verabschiedete Ende März 2011 eine Resolution, die keine neuen Bergbauprojekte mehr in der Region zulässt (Arguelles 2011). Sollte er diese Politik gegenüber der Bergbaulobby und der Zentralregierung in Manila durchsetzen können, so wäre dies sicher ein bedeutender Schritt für die 1,1 Millionen Bewohner/innen der Provinz. Diese Entscheidung kommt für die Menschen auf Rapu Rapu jedoch zu spät. Sie haben bereits viel verloren.

> »*The local residents? They have nothing to win. And what will they lose? Their island, their future.*« (Virgilio S. Perdigon Jr., Wissenschaftler)

Anmerkungen

1 Im Jahr 1966 wurde der sogenannte Sozialpakt der Vereinten Nationen verabschiedet, der – zusammen mit dem Zivilpakt – im Jahr 1976 in Kraft trat (Utz 2010, S. 5).
2 Die Region V (oder Bicol Region) umfasst die sechs Provinzen Albay, Camarines Norte, Camarines Sur, Catanduanes, Masbate und Sorsogon.
3 Neben Großbergbau (*large scale mining*) wurde und wird auf Rapu Rapu auch Kleinbergbau (*small scale mining*) von Einzelpersonen oder Familienverbänden betrieben.
4 Auch der früher betriebene Bergbau hatte negativen Einfluss auf die Umwelt der Insel. Wissenschaftler sagen jedoch, dass die heutige Zerstörung sowohl in qualitativer als auch in quantitativer Hinsicht deutlich gravierender ausfällt (Regis 2008, S. 86 ff.).
5 Im Rahmen des Artikels können längst nicht alle bisher erfassten Menschenrechtsverletzungen beschrieben werden, da es den Umfang der Arbeit sprengen würde. Daher wird lediglich eine Auswahl vorgestellt.
6 Sämtliche hier angeführte oder zitierte Interviews wurden während zweier Feldforschungsaufenthalte in der Region in den Jahren 2007 und 2009 getätigt. Insgesamt konnten 34 qualitativ angelegte Interviews durchgeführt werden. Die Namen der Interviewpartner wurden zu deren Schutz geändert.
7 Im Juli 2010 wurde auf Rapu Rapu sogar ein toter Wal angespült. Umweltschützer machen die Bergbauunternehmen für den Tod des zwölf Meter langen Tieres verantwortlich (Pangataman-Bikol 2010).
8 Bei der sogenannte *Acid Mine Drainage* handelt es sich um einen chemischen Prozess, durch den Schwermetalle im Kontakt mit Sauerstoff aus dem ausgehobenen Boden und Gestein in die Umwelt gelangen (Regis 2008, S. 15 ff.).
9 Gerne werden von den Bergbauunternehmen auch die – angeblich hohen – Steuereinnahmen des Landes durch die Mine als großer ökonomischer Vorteil angepriesen.

Tatsächlich werden jedoch kaum Steuern erhoben und diese fließen größtenteils in die Hauptstadt. Die Provinz und die Insel profitieren von den Steuereinnahmen kaum (Greenpeace 2006, S. 46 ff.)

10 Die Folgen des verunreinigten Trinkwassers sind schwer abzusehen. Hierzu hat es bisher nur wenige Untersuchungen gegeben, da auf Mitarbeiter/innen von NGOs, die Wasserproben aus (öffentlichen) Bächen entnehmen wollten, in der Vergangenheit oftmals Warnschüsse abgefeuert oder die Mitarbeiter/innen für ein paar Stunden inhaftiert und ihre Proben zerstört wurden (Interviews mit Ruperto Salazar und Amelia García).

11 Zu diesem Thema gibt es ebenfalls bisher keine unabhängigen Untersuchungen. Das örtliche Krankenhaus wird stark von dem Minenbetreiber unterstützt, viele Ärzte stehen auf deren Gehaltsliste. Aus diesem Grund ist es schwierig überhaupt Aussagen zu diesem Thema zu bekommen und das Ausmaß dieser Menschenrechtsverletzungen zu erfassen.

Gold, Guns and Goons
Menschenrechtsverletzungen und Gewalt im Kontext von Bergbau
Von Michael Reckordt

> »When private entities violate fundamental rights and entitlements of the people in the name of economic development they not only lose their moral legitimacy – they also defeat the very purpose for which they were given authority to conduct business.«
> (Loretta Ann P. Rosales, Vorsitzende der Commission on Human Rights am 10. Januar 2011)

In der Amtszeit von Gloria Macapagal-Arroyo vom 20. Januar 2001 bis zum *30. Juni 2010 wurden nach Angaben der Menschenrechtsorganisation Karapatan* 1.206 Menschen Opfer von politischen Morden[1] und 206 weitere Personen Opfer des sogenannten »Verschwindenlassens«[2] (Karapatan 2010; S. 16 f.). Verdächtigt, für diese Menschenrechtsverletzungen verantwortlich zu sein, sind häufig politisch einflussreiche Familien, Militär (*Armed Forces of the Philippines*; kurz AFP) und/oder die Polizei (*Philippine National Police*; kurz PNP). Internationale Aufmerksamkeit erlangte dabei die als Maguindanao oder Ampatuan Massaker bekannt gewordene Ermordung von 58 Personen – darunter 34 Journalist/innen – am 23. November 2009. Die Opfer des Massakers wollten den Kandidaten Esmael Mangudadatu für die Gouverneurswahl im Mai 2010 in der Provinz Maguindanao registrieren und wurden auf dem Weg ins Wahlbüro von mehr als 100 bewaffneten Männern überfallen und hingerichtet. Vor Gericht als Drahtzieher angeklagt wurden unter anderem Andal Ampatuan Jr., Bürgermeister von Datu Unsay und Gegenkandidat von Mangudadatu, sowie dessen Vater Andal Ampatuan Sr., der damals amtierende Gouverneur der Provinz Maguindanao. Als einflussreiche politische Familie hatten die Ampatuans nicht nur die Kontrolle über die lokale Polizei, die den jeweiligen Bürgermeister/innen unterstellt ist, sondern befehligten auch eine Privatarmee, mit deren Hilfe sie seit Jahrzehnten ihre Machtposition in der Region ausbauen konnten.

Obwohl die Zahl der politischen Morde sehr hoch ist, gibt es von staatlicher Seite keine einheitliche Dokumentation. Daher variieren die Zahlen sowohl innerhalb der philippinischen Zivilgesellschaft als auch zwischen Zivilgesellschaft und staatlichen Akteuren. So berichtet die *Task Force Usig*, eine Einheit innerhalb der PNP, die politische Morde untersuchen soll, von 162 dokumentierten Fällen (Task Force Usig 2011). Philip Alston, der von 2004 bis 2010 UN-Sonderberichterstatter für extralegale Massen- und willkürliche Hinrichtungen war und im Jahr 2007 die Philippinen bereiste, betont in seinem Bericht aus dem Jahr 2008, dass der Staat derartige Hinrichtungen eher vertuscht als an der Aufklärung beteiligt zu sein. So befände sich vor allem die AFP »*in a state of denial concerning the numerous extrajudicial executions in which its soldiers are implicated*« (Alston 2008, S. 2).

Die anhaltend hohen Zahlen an Morden und Entführungen erklären sich auch dadurch, dass die Taten für die Täter zumeist folgenlos bleiben. Menschenrechtsorganisationen sprechen in diesem Zusammenhang von einem Klima der Straflosigkeit, das in den Philippinen vorherrscht. In einer Studie über 305 Fälle politischer Morde im Zeitraum 2001 bis August 2010 zeigt der Menschenrechtsanwalt Atty Al Parreño, dass lediglich die Hälfte der Fälle von der Staatsanwaltschaft untersucht wurde; knapp ein Drittel wurde vor einem Gericht verhandelt; und nur ein Prozent der Fälle endete mit einem Urteilsspruch (Parreño 2010; S. 31).

Die mutmaßliche Beteiligung des Militärs an Menschenrechtsverletzungen gegenüber unliebsamen Aktivist/innen basierte auf der Militärstrategie *Oplan Bantay Laya* (»Operation Dauerhafte Freiheit«). Diese Aufstandsbekämpfungsstrategie, die von Juli 2007 bis Januar 2011 Gültigkeit besaß[3], diente dem Militär als Rechtfertigungsgrundlage für ihr Handeln.

Dennoch weist die Armee die Beteiligung an politischen Morden von sich und argumentiert stattdessen, dass viele der Morde aufgrund von internen Säuberungen, sogenannten *purges*, von Seiten der kommunistischen *New People's Army* (NPA) durchgeführt worden seien. Diese Argumentationsführung von Seiten des Militärs, so betont Philip Alston, sei unglaubwürdig. »*The military's insistence that the »purge theory« is correct can only be viewed as a cynical attempt to displace responsibility*« (Alston 2008). Der Amtsantritt von Benigno »Noynoy« Aquino III am 30. Juni 2010 hat an der Situation nichts Substantielles verändert.[4]

Um das Klima der Straflosigkeit einzudämmen, bot die EU im Rahmen des *European Union – Philippines Justice Support Program* (EPJUST) den Philippinen Unterstützung an. EPJUST, unter Leitung des deutschen Staatsanwaltes Detlev Mehlis, nahm im Januar 2010 seine Arbeit auf. Durch Sensibilisierungstrainings, Reformvorschläge sowie Unterstützung bei der Aufarbeitung von Einzelfällen sollte »es der philippinischen Justiz gelingen, bei den zahlreichen ungeklärten Mordfällen wenigstens einige Straftäter zu verurteilen«, so Günter Nooke, der damalige Menschenrechtsbeauftragte der Bundesregierung, in einer Presseerklärung vom

4. Januar 2010 (Auswärtiges Amt 2010). Ein bescheidenes Ziel, im Vergleich zu Mordaufklärungsraten in Europa.

Politische Morde an Anti-Bergbau-Aktivist/innen

Von den über 1.200 Opfern politischer Morde arbeiteten viele für linke Parteien, Gewerkschaften, Menschenrechtsorganisationen, Kirchen, Bauern- und Landrechtsorganisationen oder waren Mitglieder Indigener Gemeinschaften. Unter den Opfern politisch motivierter Gewalt und von Einschüchterungsversuchen sind auch viele Umweltaktivist/innen, die sich gegen Bergbauprojekte eingesetzt haben.

So zählt die philippinische Umweltorganisation *Legal Rights and Natural Resources Center/Kasama sa Kalikasan* (LRC/KSK) im Zeitraum von Januar 2001 bis Februar 2011 insgesamt 23 Fälle von politischen Morden an Aktivist/innen, die sich für den Umweltschutz und gegen Bergbau ausgesprochen haben. Die Umweltorganisation *Kalikasan PNE* dokumentiert 27 Opfer politischer Morde (Silverio 2011), das Netzwerk *Alyansa Tigil Mina* (Allianz gegen Bergbau; kurz ATM) listet in einer Presseerklärung zum Gedenken an die Ermordeten 30 Personen für den Zeitraum 2001 bis September 2010 auf (Alyansa Tigil Mina 2010b).[5]

Die ermordeten Aktivist/innen waren zumeist lokal tätig, das heißt, sie organisierten den Protest zu lokalen Abbauprojekten oder beteiligten sich daran. Regionale Schwerpunkte sind bei den Morden nicht zu identifizieren. Im Folgenden werden zwei Fälle beispielhaft aufgeführt.

Eliezer »Boy« Billanes

> »Es muss klar sein, dass ich nicht gegen Entwicklung bin, solange dies eine gerechte Entwicklung für alle Menschen ist und nicht eine Entwicklungsaggression, die nur wenigen dient.«
> (Boy Billanes, zitiert nach: AGENDA Public Information Desk 2009)

Um 16:30 Uhr am 9. März 2009 wurde Eliezer Delos Santos Billanes auf dem Markt in Koronadal City, in der Provinz South Cotabato auf der Insel Mindanao, erschossen. An besagtem Tag fuhr er auf seinem Motorrad ins Zentrum der Stadt, um sich dort eine Zeitung zu kaufen. Auf der Fahrt wurde ihm mit einer Pistole vom Kaliber 45 in den Kopf geschossen. Die beiden Täter konnten unerkannt auf einem Motorrad flüchten. Laut Ermittlungen soll die Person hinter dem Fahrer

Billanes aus kürzester Distanz erschossen haben. Geraubt wurde nichts, ein Indiz dafür, dass es um die Beseitigung seiner Person ging.

Der Augenzeuge Arnolfo Pineda Y. Alcarde, ein städtischer Verkehrspolizist, griff aus Angst nicht in das Geschehen ein, konnte aber das Nummernschild des Fluchtfahrzeugs notieren: »MJ 5432«. Dieses Nummernschild führte zu einem Motorrad im Nachbarort Banga. Doch weder das Nummernschild noch die Maschine konnte vom Augenzeugen identifiziert werden. Vielmehr handelte es sich bei dem Nummernschild an der Fluchtmaschine um ein wesentlich neueres und somit gefälschtes Schild (Polizeiakten vom 16. März 2009).

Eliezer, genannt »Boy«, Billanes war ein Verfechter von Menschenrechten, Umweltschutz, guter Regierungsführung und gerechter Entwicklung. Er befürchtete, dass der großflächige Tagebau, wie von dem multinationalen Konzern Xstrata in Tampakan geplant, eine »Entwicklungsaggression«[6] darstellen würde und war daher einer der bekanntesten Gegner des Projekts in Tampakan. Er war Vorsitzender des regionalen Arms der *Alliance for Genuine Development* (AGENDA), Vorsitzender der *Coaltion of Anti-Mining Movement* (CAMM) und in weiteren Organisationen aktiv.

Bis heute sind weder die Mörder von Eliezer Billanes noch deren Hintermänner identifiziert oder verhaftet worden. Boy Billanes war zum Zeitpunkt seiner Ermordung 46 Jahre alt. Seine Ehefrau Emilia und die drei Kinder der beiden leiden nicht nur emotional unter dem Verlust des Ehemannes bzw. Vaters, sondern sind auch finanziell geschädigt. Ihren *Sari-Sari Store*[7] musste die Familie aufgeben. Sie lebt nun von 1.700 Peso staatlicher Rente (umgerechnet weniger als 30 Euro im Monat). Eine Klage einzureichen war ihr daher aus finanziellen Gründen nicht möglich (Sarmiento 2010a).

Was die Täterschaft angeht, gibt es unterschiedliche Verdachtsmomente. Zivilgesellschaftliche Akteure gehen davon aus, dass das Militär an der Ermordung beteiligt war. Doch Unterleutnant Eduardo Florentino, der sich mit Eliezer Billanes am Morgen des Mordes noch in einem Militärcamp im Barangay Mabini getroffen hat, weist jede Schuld von sich. Die AFP würde heutzutage keine Zivilist/innen umbringen, »da wir Menschenrechte respektieren«, so Florentino (zitiert nach: Sarmiento 2010b). Stattdessen verweist das Militär auf die NPA, die Billanes aufgrund des Treffens im Camp für einen Spitzel gehalten haben könnte. Dieses wiederum bestreitet die Witwe von Billanes (ebd.).

Auch das Management von Xstrata/SMI weist alle Verdächtigungen über eine Beteiligung an der Ermordung von sich. Das traurige Resultat ist, dass auch zwei Jahre nach dem Mord an dem Umweltaktivisten noch kein Prozess begonnen hat und noch kein Tatverdächtiger vernommen worden ist.

Dr. Gerardo »Gerry« Ortega

> »Wenn Du ein geschütztes Gebiet hast und direkt daneben eine Bergbaukonzession vergibst, dann ist das, als hättest Du ein Restaurant neben einem Schweinestall. […] Egal welche Zerstörung auf der einen Seite des Zaunes passiert, es wird das Schutzgebiet definitiv ebenso betreffen.«
>
> (Dr. Gerardo Ortega, zitiert nach Ortega 2010)

»Gerry« Ortega wurde am 24. Januar 2011 um 9:30 Uhr, kurze Zeit nach der Aufnahme seiner morgendlichen Radiosendung, auf dem Marktplatz in Puerto Princesa durch einen Schuss in den Kopf getötet. Er war 47 Jahre alt. Seit 2009 erhielt der bekannte Radiojournalist und Umweltaktivist aus Puerto Princesa, der Hauptstadt der Insel Palawan im Westen der Philippinen, Morddrohungen. Doch die Polizei konnte ihn nicht schützen. Gerry Ortega befand sich in einem Bekleidungsgeschäft, als er erschossen wurde. Die Tat sollte wie ein Überfall aussehen. Der Täter floh anschließend zu Fuß, wurde aber direkt im Anschluss von Feuerwehrleuten gefasst.

Ortegas Traum war es zehn Millionen Stimmen gegen die Bergbauaktivitäten in Palawan zu sammeln und den Operationen ein Ende zu setzen. (Quelle: Kapit Bisig para sa Ilog Pasig)

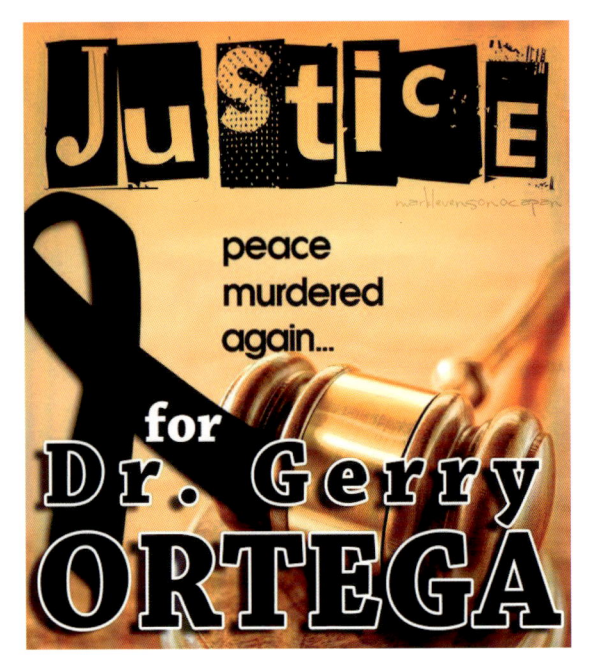

Ortegas Tod löste Empörung in der Bevölkerung aus und ruft nach Gerechtigkeit. (Quelle: themindanaocurrent.blogspot.com)

Im Gegensatz zu den meisten Fällen von politischen Morden, ist der Täter in diesem Fall bekannt. Marlon Dechaves Recamata[8] war der Schütze. Neben dem vermeintlichen Schützen wurden drei weitere Tatverdächtige festgenommen. Diese sagten aus, dass sie die Tatwaffe von Romeo Seratubias, einem ehemaligen Mitarbeiter des früheren Gouverneurs von Palawan, Joel Reyes, erhalten hätten. Die Registrierungsnummer der Waffe, die der Mörder vergessen hatte unkenntlich zu machen, bestätigte die Aussage. Seratubias behauptete allerdings, die Waffe sei ihm gestohlen worden.

Rodolfo Edrad, ein ehemaliger Sicherheitsmann des Gouverneurs, hat laut Zeitungsberichten den Schützen beauftragt.[9] Er habe im Auftrag des ehemaligen Gouverneur Reyes gehandelt. Der Politiker bestreitet dies und sieht sich als Opfer einer Kampagne seines politischen Widersachers Edward Hagedorn, des jetzigen Bürgermeisters von Puerto Princesa (vgl. Tiglao 2011).

Wer auch immer der Drahtzieher des Mordes an Dr. Gerardo Ortega ist, die Polizei geht in ihren Ermittlungen davon aus, dass der Journalist wegen seiner Aktivität gegen Bergbau in Palawan und seines Jobs als Radiomoderator ermordet worden ist (Frialde et al. 2011; AFPress 2011).

Der Konflikt um den Bergbau in Palawan fand mit dem Mord an Ortega einen traurigen Höhepunkt. Der Radiomoderator und Umweltaktivist Ortega war einer der Kritiker der Entscheidung des DENR vom September 2010, dem kanadischen

Bergbauunternehmen MarcroAsia Corporation eine Umweltunbedenklichkeitsbescheinigung (*Environmental Clearance Certificate*; kurz ECC) auszustellen und ihnen damit den Abbau von Nickel in der Gemeinde Brooke's Point zu ermöglichen.

Zivilgesellschaftliche Organisationen hatten betont, dass auch nach der aktuellen Gesetzgebung der Abbau von Rohstoffen in Urwäldern, Wasserschutzgebieten und Gebieten mit herausragendem ökologischem Nutzen verboten sei. Palawan ist von der UNESCO als Schutzgebiet für »Mensch und Biosphäre« aufgenommen worden. Doch auf die Kritik reagierte die philippinische Armee, indem sie verkündete, notfalls auch direkte militärische Unterstützung für ausländische Unternehmen zu gewähren (vgl. Intercontinental Cry 2010; Filipino Post 2010).

Verschwindenlassen

Neben den politischen Morden ist auch das Verschwindenlassen von Kritiker/innen keine Seltenheit. Die philippinische Menschenrechtsorganisation *Karapatan* geht von über 200 Fällen in den letzten zehn Jahren aus (Karapatan 2010). Dabei werden vor allem Aktivist/innen aus linken Organisationen entführt. Die meisten von ihnen bleiben verschwunden und über ihren Verbleib gibt es keine Informationen. Der bekannteste Fall ist der von Jonas Burgos. Der Aktivist der Landarbeiter/innen Organisation *Kilusang Magbubukid ng Pilipinas* (Landarbeiter/innen Bewegung der Philippinen) befand sich am 28. April 2007 in der Ever Gotesco Mall in Quezon City zum Mittagessen, als der damals 37-jährige von einer Gruppe Männern und Frauen entführt wurde. Ein Sicherheitsmann des Einkaufszentrums notierte sich das Nummernschild des Toyota Revo: TAB 194. Die Mutter von Jonas, Edita Burgos, fand später heraus, dass das Nummernschild zu einem Auto der 56. Infanteriebataillon gehörte. Sie klagte sowohl in den Philippinen, als auch vor den UN, um zu erfahren, wo ihr Sohn verblieben war und ob er noch lebt. Doch selbst ein Urteil des Obersten Gerichtshofes der Philippinen aus dem Jahre 2011 veranlasste das Militär nicht, den Kampf von Edita Burgos um das Leben ihres Sohnes zu unterstützen. Bis heute hat sie keine Gewissheit über den Verbleib ihres Sohnes. Wie ihr geht es auch vielen weiteren Angehörigen, die sich zum Teil in Organisationen wie *Desaparecidos* zusammen getan haben (Philippine Daily Inquirer 2010a).

Ein weiteres Beispiel für Verschwindenlassen ist der Fall von James Balao von der *Cordillera People's Alliance* (CPA). Am 17. September 2008 wollte James Balao seine Familie in der Stadt La Trinidad besuchen, die eine halbe Stunde von seinem Lebens- und Arbeitsort Baguio entfernt liegt. Um sieben Uhr morgens schrieb er noch eine SMS mit der Nachricht, dass er jetzt auf dem Weg sei, doch er kam niemals an.

It is 1000 days since James was abducted.

The **Military Intelligence Group and Intelligence Security Unit of the Armed Forces of the Philippines (AFP)** in collaboration with local military and police units abducted James Balao at La Trinidad, Benguet between 8:00-8:30 AM on September 17, 2008

James is an active member of the **Cordillera Peoples Alliance**, a legal and legitimate organization persecuted by the Philippine government under its **Oplan Bantay Laya (Operation Plan Freedomwatch).**

James Balao wird schon seit drei Jahren vermisst. Seine Familie und Freunde wissen nicht einmal ob er noch lebt. Foto: Cordillera Peoples Alliance

SURFACE JAMES BALAO!

Balao Family *Cordillera Human Rights Alliance* DESAPARECIDOS*HUSTISYA*Cordillera Peoples Alliance

James Balao war zum Zeitpunkt seiner Entführung 47 Jahre alt. Er war Mitbegründer der CPA und ein bekannter Aktivist für die Rechte Indigener Gemeinschaften. Er arbeitete unter anderem an Teilen der philippinischen Verfassung von 1987 mit. Bis zu seiner Entführung arbeitete er als Experte zu Indigenen Rechten im Bereich Landkonflikte für die CPA.

Laut Amnesty International gibt es verlässliche Quellen, die bestätigen, dass James Balao auf einer internen Liste des Militärs als Mitglied der *Communist Party of the Philippines* (CPP) geführt wurde und ein Opfer der Militärstrategie *Oplan Bantay Laya* geworden sein könnte (Amnesty International 2008a).

Augenzeugen gaben an, James Balao am Tage seiner Entführung um acht Uhr morgens vor einer kleinen Kapelle in der Nähe der regionalen Polizeistation gesehen zu haben. Er sei von fünf mutmaßlichen Soldaten umringt gewesen. James Balao soll den Augenzeugen zu gerufen haben: »Fragt sie, was mein Verbrechen ist!« Laut der Zeugen waren mehrere Entführer/innen bewaffnet und hatten sich als Polizeibeamte ausgegeben. Mit James Balao würden sie einen Drogendealer verhaften (Amnesty International 2008b).

Trotz großer Anstrengungen der Familie, von Freunden, der CPA und den Anwälten der Familie ist James Balao bis heute nicht aufgetaucht. Das Militär weist jegliche Verantwortung von sich und blockt zudem jede Anfrage von Angehörigen und Freunden auf Akteneinsicht ab.

Einschüchterung von Umweltaktivist/innen

Häufig muss es noch nicht einmal zu Morden oder Entführungen kommen. Viele Aktivist/innen werden schon im Vorfeld solcher Verbrechen, wie den zuvor beschriebenen, eingeschüchtert. James Balao berichtete zum Beispiel vor seiner Entführung, dass er sich überwacht und kontrolliert fühlte (Amnesty International 2008b). Es werden auch direkte (Mord-)Drohungen via SMS an Aktivist/innen verschickt. So haben sowohl Eliezer Billanes als auch Gerry Ortega vor ihrer Ermordung solche Todesdrohungen erhalten.

Eine weitere Drohung ist abstrakter, jedoch nicht ungewöhnlicher, das sogenannte »*Red-Labeling*«. Red-Labeling heißt, dass Mitarbeiter/innen von staatlichen Stellen, häufig von der PNP oder AFP, Aktivist/innen als Kommunist/innen und Mitglieder der CPP betiteln. Aufgrund der Aufstandsbekämpfungsstrategien erhöht diese Titulierung für die Betroffenen die Wahrscheinlichkeit, Opfer eines politisch-motivierten Anschlages zu werden.

In der Tageszeitung Philippine Daily Inquirer wurde am 6. November 2010 der pensionierte Polizeidirektor Rodolfo »Boogie« Mendoza mit der Aussage zitiert, dass die kommunistische Partei der Philippinen drei Bergbauunternehmungen betreiben würde: eines in Luzon und zwei weitere auf Mindanao. Alcuin Papa, der Autor des Artikels, gibt darin zudem die Behauptung Mendozas wieder, dass eine gewisse Jean Marie Ferraris ein angebliches Mitglied des Zentralkomitees der CPP sei. Zudem sei sie für die »internationale Finanzierung« aus Indonesien verantwortlich und hätte aus diesem Grund das Land im Juli 2010 besucht. Dabei sei sie festgenommen worden (Papa 2010).

Jean Marie Ferraris ist Leiterin des Büros von LRC/KSK in Davao, der philippinischen Sektion von *Friends of the Earth*, einer international renommierten Umweltorganisation. Sie ist vor allem aktiv gegen Bergbau und Kohlekraftwerke im Süden Mindanaos.

Die Beschuldigte wies alle Anschuldigungen von sich. Im Falle des Besuchs in Indonesien handelte es sich nachweisbar um eine Veranstaltung von Greenpeace, auf der insgesamt zwölf ausländische Aktivist/innen von der indonesischen Polizei festgesetzt wurden. Sie alle besuchten einen Workshop von Greenpeace zu den negativen Auswirkungen von Energieerzeugung durch Kohle. Zu den prominenten Fürsprechern Jean Marie Ferraris' zählte unter anderem der Kongressabgeordnete und Träger des Alternativen Nobelpreises, Walden Bello (vgl. Greenpeace 2010).

Auch AFP und PNP bestätigten auf Anfrage schriftlich, dass es keine Informationen für eine Betätigung von Ferraris bei der CPP gibt. »Die Aussage von dem pensionierten Polizeidirektor Rodolfo Mendoza gibt einzig und allein seine persönliche Meinung wieder«, so ein Sprecher der PNP in einem Brief vom 6. Dezember 2010.

New People's Army – Revolutionssteuer vs. Nein zu Bergbau

Gewalt geht aber nicht nur von staatlichen Akteuren aus. Auch die maoistische *New People's Army* (NPA) greift zur Gewalt, um ihren Standpunkt zum Thema Bergbau durchzusetzen. Die Guerillaorganisation ist in vielen Regionen ein noch immer einflussreicher Akteur, der sich auch mit Waffengewalt gegen den Bergbau einsetzt. So haben NPA-Guerillas beispielsweise im Januar 2008 das *Base Camp* des Unternehmens SMI in Tampakan, South Cotabato, angegriffen und zerstört. Dabei entstand ein Sachschaden in geschätzter Höhe von 280.000 US-Dollar (Conde 2008). Wenige Monate später, am 26. Juli 2009, wurde der Arbeiter Jimmy Cabilin von einem mutmaßlichen NPA-Mitglied auf dem Weg zur Einsatzstelle in Tampakan erschossen. Cabilin arbeitete für *United Phil Drilling*, die im Auftrag für SMI Bohrungen vornahmen (vgl. unter anderem Kwok 2009).

Die NPA sieht sich selbst als Unterstützer in der »Verteidigung des nationalen Erbes gegen den Angriff durch die US-gesteuerte, imperialistische Globalisierung« (Sanchez, zitiert nach Lacorte 2011). So sind Attacken auf Bergbauunternehmen und deren Personal keine Seltenheit. Im Mai 2011 griffen NPA-Aktivist/innen einen Konvoi mit Geologen und Sicherheitskräften des US-Unternehmens *Russell Mining & Minerals* in Compostela Valley, Mindanao an. Als ein bewaffneter Sicherheitsmann Widerstand bei der Entwaffnung leistete, wurde er erschossen (Lacorte 2011).

Mindanao ist nicht nur nationale Schwerpunktregion für Bergbau-Projekte, sondern auch für die NPA und ihren Widerstand gegen diese Projekte. Im Dezember 2010 drohten sieben Bergbauunternehmen damit, die Caraga Region im Nordosten Mindanaos zu verlassen, da die NPA die Revolutionssteuer[10] von zuvor jährlich 15 Millionen Peso pro Bergbaukonzern auf 20 bis 22 Millionen Peso erhöhen wollte (Pazzibugan 2010). Wenn diese »Steuern« nicht bezahlt werden, drohen den betroffenen Unternehmen Angriffe, ähnlich dem der Zerstörung des Basiscamps von SMI vom Jahresbeginn 2008.

Militarisierung

Die Präsenz der NPA in Bergbauregionen führt regelmäßig zu einer verstärkten Stationierung von Soldaten in den betreffenden Regionen. Damit gehen oftmals die Einschüchterung der Zivilbevölkerung und zivilgesellschaftlicher Organisationen einher. Ein Beispiel dafür findet sich in Columbio, Provinz Sultan Kudarat auf der Insel Mindanao.

Columbio ist ebenfalls Teil des Tampakan-Bergbau-Projekts von Xstrata/SMI. Seit einigen Jahren ist die 27. *Infantry Battalion* (IB) in elf Barangays der Stadt stationiert, die als mögliche Rückzugsorte für die NPA gelten.[11] Nach dem Überfall der Guerilla auf das Basiscamp von Xstrata/SMI im Jahr 2008, wurde das Truppenkontingent erhöht und ein *Barangay Defense System* (BDS) organisiert. Das bedeutet; es wurden zivile Einheiten eingerichtet, die vom Militär trainiert wurden und dieses unterstützen sollten (vgl. Conde 2008; Itable 2009). Die Aufrüstung und nur mangelhafte Ausbildung von zivilen, zu weilen auch paramilitärischen Einheiten, birgt die Gefahr der Eskalation der Gewalt. Die Stationierung des Militärs in öffentlichen Einrichtungen wie Gesundheitszentren oder dem Rathaus, erhöht die Einschüchterung der Zivilbevölkerung.

Das *Columbio Multi-Sectoral Ecology Movement* (CMEM) ist ein zivilgesellschaftlicher Akteur, der sowohl christliche, muslimische als auch Indigene Gemeinschaften umfasst, und gegen den Großtagebau protestiert. Im Juni 2009 wurden Personen aus dem Umfeld der Organisation als NPA-Unterstützer/innen beschuldigt und überwacht. Einzelne Mitglieder befinden sich laut Angaben der Organisation auf der *Order of Battle*-Liste[12] (Itable 2009).

Nicht nur die AFP und NPA sind Akteure in der hochgradig bewaffneten Region. Ebenso tragen langanhaltende Konflikte zwischen Christen, Muslimen und Indigenen Gemeinschaften sowie Streitereien zwischen konkurrierenden Firmen zu einer Gewalteskalation in der Region bei. Am 25. März 2011 wurden drei Arbeiter einer Konstruktionsfirma (LVE Construction) erschossen. Als Täter identifizierte die Armee bewaffnete Anwohner, die auch zur NPA gehören könnten (vgl. GMANews.tv 2011; Sarmiento 2011). LVE Construction gehört dem Bürgermeister von Tampakan und die drei Arbeiter befanden sich in einem Konvoi innerhalb des zukünftigen Abbaugebiets von Xstrata/SMI. Der Bergbau-Konzern bemühte sich im Anschluss zu betonen, dass es sich bei LVE Construction nicht um einen Vertragspartner handle. Dennoch ist nicht auszuschließen, dass die Täter einen Zusammenhang mit dem Bergbauprojekt gesehen haben. Es war vor allem der zweite Zwischenfall innerhalb kürzester Zeit in Tampakan. Einen Monat zuvor war der *Chieftain* Tonio Binuhay, ein Bergbau-Befürworter, zusammen mit seiner schwangeren Frau von Unbekannten erschossen worden (Sarmiento 2011). Dies zeigt, wie schon im Vorfeld des eigentlichen Abbaus der Rohstoffe, durch verschiedene Gewaltakteure Menschenrechtsverletzungen bis hin zu Morden begangen werden.

Investment Defense Forces

Auch die Unternehmen selbst tragen zu einer Militarisierung von Gebieten bei. Generell haben die Konzerne das Recht, den Zugang zu ihrem Betätigungsgebiet – und damit auch zu den Siedlungen – zu kontrollieren. Dabei werden sie zum Teil von *Investment Defense Forces* (IDFs) unterstützt, die im Jahr 2008 zum Schutz von »Kraftwerken, Infrastruktur und Bergbau-Projekten« von Präsidentin Arroyo ins

Leben gerufen wurden. Häufig werden Militäreinheiten als IDFs zum Schutz der Konzerne abgestellt. Nicht nur Tampakan, sondern auch andere Regionen werden dadurch militarisiert und kritische Anwohner/innen und Indigene Gemeinschaften massiv eingeschüchtert, bis hin zu physischen und psychischen Übergriffen (vgl. Goodland and Wicks 2008; Capuyan 2009; Reckordt 2010).

Konflikte können auch zum Zusammenstoß zwischen Sicherheitskräften von Bergbaukonzernen führen. Im Frühjahr 2008 gab es eine Auseinandersetzung zwischen Sicherheitskräften von *DMCMI* und *A3UNA* in Sta. Cruz, Zambales. DMCMI warf A3UNA vor, illegal bis zu einer halben Million Tonnen nickelhaltiges Gestein abgebaut zu haben und blockierte daraufhin den Abtransport, woraufhin es am Hafen zu den Streitigkeiten kam (Bayarong 2008; Landingin 2008). Der Geschäftsführer eines australischen Unternehmens berichtet, dass es gar Fälle gäbe, wo militärische Einheiten die eine Seite und Polizeieinheiten die andere Seite bei Konflikten im Bergbau unterstützen würden (Landingin 2008).

In Bayog (Zamboanga del Sur) stehen sich zum Beispiel zwei ehemalige Militärgeneräle in einem Konflikt gegenüber. Auf der einen Seite steht der Brigadegeneral Alexander Yapching und dessen Sicherheitsfirma *AY76*, der vom Konzern *Lupah Pigegetawan Mining* beauftragt worden ist, auf der anderen Seite Generalmajor Jovito Palparan Jr. und dessen Firma *24 Oras*, die für *Bayog 9 Metals* arbeiten. Am 22. Juni 2011 stürmte *24 Oras* bewaffnet mit AK47 Gewehren zu den Rivalen, entwaffneten diese und beschlagnahmten die Waffen von *AY76*. Wie die Polizei später betonte, war dies nicht nur nicht in Absprache mit der Polizei geschehen, sondern verstieß auch gegen verschiedene Gesetze. Brigadegeneral Alexander Yapching beschuldigte Jovito Palparan Jr. der Amtsanmaßung, schwerer Nötigung, Raub und der Sachbeschädigung (Apala und Fiel 2011). Jovito Palparan, bekannt auch unter dem Namen »*the butcher*« (der Schlächter), wird schon seit vielen Jahren von Menschenrechtsaktivist/innen in Verbindung mit politisch motivierten Morden, Entführungen, Folter und Einschüchterung gebracht, so unter anderem im Fall der Entführung der beiden Manalo-Brüder (vgl. Ordenes-Cascolan 2007; Karapatan 2008).

Menschenrechtsverletzungen durch Bergbaukonzerne

Im Juni 2008 klagten die Bewohner/innen aus dem Barangay Didipio der Stadt Kasibu in der Provinz Nueva Vizcaya vor der Menschenrechtskommission (*Commission on Human Rights*; kurz CHR) gegen den Bergbaukonzern *OceanaGold Philippines*. Sie warfen dem Konzern vor, 187 Häuser zerstört zu haben, ohne dafür Entschädigungen zu zahlen oder überhaupt eine rechtliche Grundlage zu haben. Die Räumung wurde von der lokalen Polizei unterstützt, die sich an gewalttätigen Auseinandersetzungen gegen Anwohner/innen beteiligte, die wiederum versuchten, die Räumung ihrer Häuser zu verhindern (vgl. Range 2009; Rosales 2011). Am 10. Januar 2011 legte die Menschenrechtskommission ihren Bericht vor. Sie bestätigte die Menschenrechtsverletzungen – die Verletzung des Rechts auf Freizügigkeit – also die freie Wahl des Aufenthaltsortes und des Rechts auf freie Bewegung –, auf eine angemessene Wohnung und Eigentum, auf die Sicherheit der Person, auf den Schutz vor willkürlichen Angriffen sowie Rechte der Indigenen Gemeinschaft ihre eigene Kultur und Identität zu bewahren – und empfahl der Regierung zu prüfen, inwieweit dem Konzern die Bergbaukonzession gekündigt und alle damit verbundenen Rechte entzogen werden können. Darüber hinaus wurden alle beteiligten staatlichen Behörden aufgefordert, der CHR ihre Berichte zu der Situation zukommen zu lassen. Vor allem die lokale Polizei wurde noch einmal daran erinnert, dass »sie die Beschützer *aller* Menschen ist, und nicht nur die der Reichen und Starken« (Hervorhebung im Original; Rosales 2011, S. 18 f.).

Fazit

Bergbauaktivitäten sind immer wieder Ausgangssituation für gewalttätige Auseinandersetzungen, Morde an Menschenrechts- und Umweltaktivist/innen oder Einschüchterungsversuche. Die hier genannten Beispiele sind leider keine Einzelfälle, sondern stehen exemplarisch für viele weitere. Unter dem Ziel der nationalen Entwicklung bewertet die philippinische Regierung dabei die wirtschaftlichen Interessen zumeist höher als die Einhaltung von Menschenrechten oder die Interessen oder gar das Leben der (lokalen) Bevölkerung. Während Bergbaukonzerne in den Genuss weitreichender Vorteile gelangen, hat die lokale Bevölkerung nicht zuletzt auch aufgrund der Schwächen des philippinischen Justizsystems (vgl. Grabowski 2011; Reckordt 2010) nur wenig Chancen zu ihrem Recht zu kommen. Sowohl die erschreckend niedrige Aufklärungsrate von politischen Morden, der mangelnde Schutz von Aktivist/innen und Zeug/innen sowie die Drohungen, zum Teil aus Reihen der staatlichen Behörden, Polizei oder Militär, sind nur einige Belege dafür.

Im Bereich des Bergbaus fordert Amnesty International daher, dass das DENR einen integrierten Ansatz entwickeln muss, der sämtliche Menschenrechte in das Zentrum ihrer Projekte setzt und sicherstellt, dass alle Menschenrechte auch für marginalisierte Gemeinschaften wie auch für Indigene Gemeinschaften respektiert und geschützt werden. Die Pflicht zum Schutz der Menschenrechte sollte allerdings nicht nur für staatliche Akteure, sondern auch für Konzerne und ausländische Investoren gelten (Amnesty International 2010). Diese haben eine soziale Unternehmensverantwortung, die es unerlässlich macht, dass die Konzerne und Investoren im Vorfeld des Rohstoffabbaus gewissenhaft prüfen, ob sich Risiken für Mensch und Umwelt aus der Investition ergeben könnten. Sollte dies der Fall sein, müssen menschenrechtliche und umweltschutzrelevante Aspekte deutlich

Vorrang vor ökonomischen Interessen haben. Wenn dies nicht geschieht, besitzen die Unternehmen und Investoren an einer etwaigen Eskalation oder Menschenrechtsverletzungen eine Mitschuld.

Konkrete Schritte wären, wie von der *Commission on Human Rights* verlangt, der Entzug von Abbaulizenzen für Investoren und Unternehmen, die sich Menschenrechtsverletzungen (mit-) schuldig gemacht haben. Ebenfalls wäre es wichtig, Privatarmeen zu entwaffnen und das Militär und die Polizei dahingehend zu professionalisieren, dass sie Menschenrechte einhalten sowie dem Schutz der Bevölkerung und nicht privaten Investoren dienen. Eine Abschaffung der *Investment Defense Forces* würde damit einhergehen. Wie Amnesty International betont, waren die Entwaffnung und Abschaffung von privaten Armeen Wahlkampfversprechen von Präsident Aquino, von denen er zuletzt leider Abstand genommen hat (Amnesty International 2011).

Anmerkungen

1 Im Englischen spricht man von »*victims of extra-judicial killings*«.
2 Im Englischen spricht man von »*victims of enforced disappearances*«.
3 »Seit Januar 2011 ist nun die neue Aufstandsbekämpfungsstrategie, auch unter dem Namen »Interner Friedens- und Sicherheitsplan« (IPSP) *Oplan Bayanihan* (Operation Gemeinschaftsarbeit) in Kraft. Integraler Bestandteil ist laut des Chefs der *Armed Forces of the Philippines* (AFP), General David, die Beachtung von Menschenrechten« (Grabowski 2011).
4 Ausführlicher zu Menschenrechtsverletzungen: Bück (2009, S. 107 ff.); Grabowski (2011).
5 In chronologischer Reihenfolge sind dies: Nicanor Delos Santos; Manuela Albarillo; Expedito Albarillo; Roger Fernando; Erwin Bacarra; Ramon Ternida; Fr. Allan Caparro; Joel Pelayo; Rodel Abraham; Romy Sanchez; Rev. Raul Domingo; Napoleon Pornasdoro; Joey Estriber; Jose Doton; Noli Capulong; Marcus Bangit; Rogelio Lagaro; Eladio Dasi-an; Rei Mon Guran; Orlando Rivera; Victor Olayvar; Atty. Gil Gujol; Nilo Arado; Audy Anchangco; Arman Marin; Fernando Sarmiento; Eliezer ›Boy‹ Billanes; Samson Rivera; Ricardo Ganad; Gensun Agustin (Alyansa Tigil Mina 2010).
6 Der philippinische Menschenrechtsverband PAHRA definiert eine Entwicklungsaggression wie folgt: »jegliche ökonomische Strategie oder Politik bzw. jegliches ökonomisches Programm oder Projekt, das den Interessen der betroffenen Menschen widerspricht; jegliches Vorgehen, das Menschen ihrer Mittel zum Leben beraubt oder die Umwelt und die Lebensgrundlage zerstört, generell: Strategien, die von oben nach unten umgesetzt werden und in das Leben von Menschen ohne deren Einwilligung eingreifen und ihre Integrität nicht respektieren« (zitiert nach Reese 2009).
7 Ein Sari-Sari Store ist eine Art Tante-Emma-Laden. Er bietet Waren der Grundversorgung an und dient den Betreiber/innen häufig, um ein zusätzliches Einkommen zu generieren. Sari-Sari Stores finden sich überall in den Philippinen.

8 In der Presse firmiert er unter verschiedenen Namen, unter anderem Marlon Dichaves und Marlon Recamata, aber auch unter: Malvin Alcaraz.
9 Laut Zeitungsbericht hat er Dichaves und Aranas jeweils 10.000 Peso Anzahlung des Honorars von insgesamt 150.000 Peso für den Mordauftrag gegeben (Anda 2011; AFP 2011).
10 Die *New People's Army* erhebt sogenannte Revolutionssteuern von Unternehmen, Politiker/innen und Großgrundbesitzer/innen. Diese zahlen die »Steuer« und werden dadurch von der Guerilla nicht weiter behelligt oder erkaufen sich die Erlaubnis, für ein politisches Amt zu kandidieren. Das Militär geht davon aus, dass die NPA im Süden Luzons im Jahr 2010 insgesamt 36 Millionen Peso an Steuern eingetrieben haben, davon alleine 500.000 Peso von Bergbauunternehmen (Mallari Jr. 2010). Ein Internetuser namens »Shadow Warrier« spottete im timawa.net-Forum, dass die NPA erfolgreicher als die Steuerbehörde mit dem Eintreiben der Gelder sei.
11 In der Region um die Stadt Columbio gab es schon in der Vergangenheit gewaltsame Konflikte, angeheizt beispielsweise durch den »totalen Krieg«, den der ehemalige Präsident Estrada und seine Nachfolgerin Arroyo von 2000 bis 2003 geführt haben oder durch die Ermordung von Muslimen im Zuge der Wahlen 2004 (Itable 2009).
12 Die *Order of Battle*-Liste ist ein internes Dokument der Armee, auf der sich angebliche NPA-Guerillas finden, die »zum Abschuss« freigegeben sind.

Freie, rechtzeitige und informierte Zustimmung?
Die Indigenen Gemeinschaften der Philippinen fordern die Aussetzung des derzeitigen FPIC Verfahrens

Von Mario E. Maderazo

> »*Stoppt das Verfahren der freien, rechtzeitigen und informierten Zustimmung (Free Prior and Informed Consent, FPIC) und die Herausgabe der Zertifikate über erfüllte Voraussetzungen (Certificate of Pre-conditions) für die Projekte, die eine FPIC benötigen. Die Umsetzung der FPIC-Richtlinien muss umgehend überprüft werden, die Richtlinien überarbeitet werden – in Übereinstimmung mit den in der Überprüfung gegebenen Empfehlungen der Indigenen Völker.*«

Das ist eine der Kernaussagen, die die nationale Versammlung Indigener Gemeinschaften (*Indigenous Peoples*)[1] im März 2011 in den Philippinen verabschiedete, auf der über 140 Teilnehmer/innen von 56 Organisationen und Gemeinschaften vertreten waren. Organisiert wurde das Treffen von der *Consultative Group on Indigenous Peoples*, die sich aus Basisinitiativen, NGOs und Einzelpersonen zusammensetzt, die sich für das Wohl und die Interessen der Indigenen Bevölkerung einsetzen. Ziel der Versammlung war die Ausarbeitung eines gemeinsamen politischen Grundsatzprogramms zum Thema Indigene Völker, das der Regierung des Präsidenten Benigno Aquino III vorgelegt werden soll.

Im Sinne des *Indigenous Peoples' Rights Act of 1997* (IPRA) bedeutet FPIC »die Zustimmung aller Mitglieder einer Indigenen kulturellen Gemeinschaft (*Indigenous Cultural Communities*), in Übereinstimmung mit den angestammten Rechten und Bräuchen, die frei von jeglicher Manipulation, Einmischung und jeglichem Zwang von außen erreicht wurde, nachdem der gesamte Inhalt und die Tragweite der Aktivität in einer für die Indigenen verständlichen Sprache und nachvollziehbarem Verfahren deutlich gemacht wurde«.

Im Hinblick auf die Indigene Bevölkerung ist der IPRA ein historischer und rechtlicher Meilenstein, der die Anerkennung der politischen Selbstbestimmung und den Anspruch auf Besitztitel für das Ahnenland vorantreibt. Der FPIC ist eine Säule in Bezug auf den Schutz dieser Rechte. Diese Säule kommt dann zum Tragen, wenn Indigene durch Bergbauvorhaben oder sonstige Entwicklungsprojekte, die auf dem Gebiet ihrer Vorfahren stattfinden sollen, betroffen sind. In solchen Fällen soll, basierend auf indigenem Recht, ein Konsens durch die Betroffenen über die Bewilligung oder Ablehnung des Vorhabens erzielt werden. Es ist gesetzlich vorgeschrieben, dass dieser Entscheidungsprozess ohne Einschränkungen und frei von jeglichem Zwang stattfindet. Grundlegend für diesen Prozess ist die Offenlegung sämtlicher relevanter Informationen.

In den Philippinen, wo der Bergbau von der Regierung in aggressiver Weise gefördert wird, sollte der FPIC eigentlich ein Werkzeug zur Verhinderung ungewollter und illegaler Übergriffe oder sogar Vertreibungen von Indigenen Gemeinschaften von deren Ahnenland sein. In der Praxis erfüllt der FPIC seinen Zweck jedoch nicht.

Die Teilnehmer/innen der dreitägigen Versammlung hielten fest, dass die philippinische Regierung Gesetze zur Entwicklung umsetzt, zum Beispiel zu Bergbau, – oder Energieprojekte oder Plantagenwirtschaft fördert. Diese Projekte finden in ihren angestammten Gebieten statt, entsprechen, aber nicht den Bedürfnissen und der Lebensrealität der Indigenen Gemeinschaften. Darüber hinaus bringen Entwicklungsprojekte aus ihrer Sicht negative Auswirkungen mit sich, wie Umweltzerstörung, Vertreibung, die Entziehung der wirtschaftlichen Grundlage und andere Konflikte. Außerdem führen solche Entwicklungsprojekte dazu, dass die Indigenen Gemeinschaften das Recht, das Land zu besitzen, zu kontrollieren, es zu nutzen und es nach eigenen Vorstellungen und Methoden zu verwalten und zu entwickeln, nicht mehr wahrnehmen können.

Indigene reden über die Folgen des Bergbaus auf ihrem Land. Foto: L. Breininger

Daher haben die Teilnehmer/innen empfohlen, den *Mining Act of 1995* zu widerrufen und drängen stattdessen darauf, den Entwurf für ein alternatives Bergbaugesetz, der gerade im Kongress eingereicht wurde, anzunehmen. Dieser Entwurf zielt auf ein verantwortungsbewusstes Ressourcenmanagement und die Aufrechterhaltung der Rechte Indigener Völker ab. Darüber hinaus wurde die Regierung aufgefordert, ein Moratorium für Großbergbauprojekte zu erlassen und den Kleinbergbau deutlich stärker zu regulieren.

Wie absurd der FPIC-Prozess im Hinblick auf eine Konsensbildung innerhalb der Indigenen Gemeinschaften ist, wird bei der Vergabe von Lizenzen im Bergbau deutlich. Der Kongressabgeordnete und Ifugao Vertreter Teddy Brawner Baguilat sagte in einer Rede im Juni 2011, dass das Regelwerk und das politische Programm der Regierung zu Rohstoffen eine der größten Gefahren für den Frieden und die Entwicklung der Indigenen Gemeinschaften in ihren Gebieten darstelle. Die Besessenheit der Regierung »Bergbau um jeden Preis« durchzusetzen, sei auf die *Executive Order 270-A* (EO 270-A) von Präsidentin Gloria Macapagal-Arroyo von Januar 2004 zurück zu führen, die immer noch in Kraft ist. In dieser Verordnung sind die Fördermaßnahmen zur Wiederbelebung der Bergbauindustrie festgelegt. Diese Verordnung führe dazu, dass staatliche Behörden immer wieder das Recht der Indigenen Gemeinschaften auf freie, rechtzeitige und informierte Zustimmung verletzten. Niemand geringeres als die *National Commission on Indigenous Peoples* (NCIP[2]). Das NCIP ist die Behörde, der die Umsetzung des IPRA anvertraut worden ist]]) habe durch den Erlass und die Umsetzung der NCIP-Richtlinien von 2006 üben den FPIC diese Rechte verletzt. Die Wortführer der Indigenen Völker und ihre Unterstützer/innen, so Baguilat in seiner Rede, hätten die Richtlinien als zu »bergbaufirmenfreundlichen« kritisiert. Somit würden die Richtlinien das Recht der Indigenen Völker auf Selbstbestimmung verletzen.

Laut Baguilat kam es durch den Bergbau schon vermehrt zu Konflikten innerhalb Indigener Gemeinschaften. Diese spitzten sich durch die fehlerhafte Umsetzung des FPIC-Verfahrens durch die zuständigen Behörden noch weiter zu. »In vielen Fällen wurde die Bestimmung von den Behörden einfach umgangen oder – mit stillschweigendem Einverständnis der Unternehmen – die Zustimmung der Gemeinschaften auf manipulative Weise erreicht«, so Baguilat. Beispiele für die Manipulation, wie sie während der Anhörung deutlich wurden, seien unter anderem die Bildung von Indigenen Räten, die in Wirklichkeit keine sind, sowie die Vertretung angeblicher indigener Interessen durch nicht-indigene Organisationen und die Bestechung von indigenen Entscheidungsträgern.

Ein anderes Problem der FPIC Richtlinien von 2006 ist die Art und Weise wie der Beratungsprozess von Seiten der NCIP durchgeführt wird. In Fällen, in denen die betroffenen Gemeinschaften über große Flächen ihres Ahnenlandes entscheiden müssen, werden sie in kleinere Gruppen unterteilt und getrennt voneinander konsultiert. Diese Vorgehensweise ist häufig der Grund für eine Spaltung innerhalb der Indigenen Gemeinschaft in den Bergbau-Befürworter/innen und Bergbau-Gegner/innen. Dadurch wird der auf die Erzielung eines Konsens' ausgelegte Charakter der FPIC unterminiert.

Aufgrund der vielen Beschwerden bezüglich der Umsetzung hat nun eine Überprüfung der FPIC Richtlinien begonnen. Die Überprüfung wird vom *National Cultural Committee* des Kongresses geleitet. Dazu wurde bereits eine Arbeitsgruppe (*Technical Working Group*) eingerichtet, die sicherstellen soll, dass der FPIC Prozess das Recht auf Selbstbestimmung unterstützt, statt als Instrument zur weiteren Marginalisierung benutzt zu werden.

Anmerkung

1 Anm. der Redaktion: *Indigenous Peoples* entspricht im Deutschen dem Begriff der Indigenen Völker. Dieser Begriff hat inzwischen eine hohe internationale Akzeptanz erfahren. Im Rahmen vieler Jahre Diskussion in der UN um die Rechte der Indigenen, war es ihnen immer wichtig, den Gebrauch des Begriff »peoples« (Völker) (im Gegensatz zu »people« = Bevölkerung) durchzusetzen und so eigene Kultur, Identität und Selbstsbestimmungsrecht zu betonen.
2 Das NCIP ist die Behörde, der die Umsetzung des IPRA anvertraut worden ist.

Deutsche Banken im philippinischen Bergbau
Von Michael Reckordt

Die deutsche Industrie ist durch ihre Exportorientierung und den Schwerpunkt auf industrieller Fertigung sehr stark abhängig von Rohstoffimporten aus dem Ausland. Dennoch gibt es unter den weltweit größten Bergbaukonzernen keine Unternehmen aus Deutschland. Auch in den Philippinen sind keine deutschen Unternehmen an der Rohstoffgewinnung direkt beteiligt. Allerdings gibt es Investoren aus Deutschland, die direkt oder indirekt am Bergbau in den Philippinen beteiligt sind (vgl. Abbildung 6: Deutsche Banken in den Philippinen).

Darüber hinaus unterstützt zum Beispiel der Software-Konzern SAP den Abbau, indem er speziell für die philippinische Bergbauindustrie Software-Lösungen anbietet. Ebenfalls hat der deutsche Logistikkonzern DHL durch seine Südostasienleitung großes Interesse signalisiert, dass das Unternehmen »nach Wegen

Eine Tonne mit Chemikalien aus Deutschland. Das Natriumzyanid wird benutzt, um Gold von Gestein zu trennen. Foto: L. Breininger

sucht, wie wir uns in die Private-Public-Partnership-Programme [Anm. d. Red.: der Aquino-Regierung] einbringen können. Besonders interessiert uns natürlich der Logistikaspekt im Bereich Infrastruktur und Bergbau« (Sam Ang, Manager bei DHL; zitiert in: Sarte 2010). Konkrete Beteiligungen an Abbauprojekten konnten für SAP und DHL allerdings nicht identifiziert werden.

Eine weitere Verbindung zwischen den beiden Ländern besteht durch die chemische Industrie, die auch teilweise den philippinischen Bergbau beliefert.

Im folgenden Kapitel soll ein Überblick über deutsche Investoren nach ihrem jeweiligen Investment gegeben werden und die Auswirkungen dieser Investments diskutiert werden.

Abbildung 6: Deutsche Banken in den Philippinen

	Apex Mining Company Inc.	Atlas Consoli-dated Mining	CGA Mining Limited	Egerton/Minimax	Lepanto	Metals Exploration	OceanaGold	Philex	Platinum Group	Sagittarius/Xstrata
Baader Bank				X						X
Berenberg Bank	X						X			
BHF Bank										X
Commerz-bank				X			X			X
DekaBank										X
Deutsche Bank		X			X			X	X	X
Hauck & Aufhäuser	X						X			
Lampe	X						X			
LBBW	X						X			X
Metzler	X									X
Tradegate	X									X
WestLB			X						X	X

Vergleich über deutsche Investoren (Quelle: Profundo 2009; Involvement of German banks in the Philippine mining sector; eigene Darstellung)

Deutsche Banken im philippinischen Bergbau[1]

Deutsche Banken sind an verschiedenen philippinischen Bergbauunternehmungen beteiligt, zum Teil direkt durch Kredite und Abkommen, zum Teil indirekt, indem sie als Anteilseigner von Joint-Venture-Partnern auftreten. Die folgenden Seiten geben einen kurzen Überblick über die Unternehmen und die Art der Beteiligung durch die deutschen Banken sowie deren Auswirkungen.

Apex Mining Company Inc.

Apex Mining Company Inc. ist ein philippinischer Konzern, dessen Hauptprojekt die Mine in Maco (Compostela Valley) ist. Sie produzieren Barren, die Gold und Silber enthalten. Die eigentliche Schmelze findet in der Metalor-Raffinerie in der Schweiz statt. Am 31. Dezember 2010 waren 769 Personen bei Apex voll beschäftigt (Apex 2010).

Ab 2005 war der Hauptanteilseigner der kanadische Konzern *Crew Gold Corporation* (28.03 Prozent) und dessen philippinischer Partner, die *Mapula Creek Gold Corporation* (44.88 Prozent). Die restlichen Anteile an Apex waren an der philippinischen Börse notiert. Deutsche Investoren waren in der Vergangenheit über den kanadischen Konzern *Crew Gold* beteiligt (Profundo 2009).

In Maco ereignete sich im September 2008 ein schwerer Bergrutsch, der 24 Menschen tötete und 32 Personen verletzte. Dieses, wie auch vorangegangene Unglücke, wird von NGOs auf den Ressourcenabbau durch Apex zurückgeführt (Alyansa Tigl Mina 2008). Ein Jahr nach der Katastrophe, am 17. September 2009, teilte *Crew Gold* mit, dass sowohl die eigenen als auch die Anteile von Mapula an Apex an den privaten malaysischen Investor *Mindanao Gold Inc.* verkauft werden (Profundo 2009, S. 4).

Atlas Consolidated Mining

Atlas Consolidated Mining and Development Corporation wurde 1935 in den Philippinen gegründet. Das Unternehmen operiert in verschiedenen Kupfer- und Nickelminen in Toledo City (Cebu) und Quezon (Palawan). Im Jahr 2008 beschäftigte es knapp 6.000 Personen und hatte einen Umsatz von 923 Million Peso (circa 14,3 Millionen Euro) und einen Gewinn von 129 Millionen Peso (circa zwei Million Euro). Seit 1953 wird Atlas an der philippinischen Börse gelistet (Profundo 2009, S. 4 f.).

Die beiden Hauptgeschäfte sind die *Carmen Copper Corporation*, die die Ressourcen in Carmen, Lutopan und Biga (bekannt als Toledo Copper Complex) entwickelt sowie die *Berong Nickel Corporation*, die die Bergbauaktivitäten des Berong

Mineralienvorkommen in Palawan entwickeln soll, in dem sogenannten Berong Nickel Projekt.

Am 25. Mai 2007 unterzeichnete die *Carmen Copper Corporation* ein 100 Millionen US-Dollar (circa 74,4 Millionen Euro) umfassendes Kreditabkommen mit der Deutschen Bank. Der Kredit dient Investitionen und Kapital für den kurzfristigen Bedarf und soll in zehn halbjährlichen Teilzahlungen zurückbezahlt werden. Im Jahr 2010 musste der Kredit durch einen Refinanzierungskredit in Höhe von 140 Millionen US-Dollar bei der *Banco de Oro/Unibank* abgesichert werden (Profundo 2009, S. 5).

Gerade der Abbau von Nickel in Quezon auf der Insel Palawan ist sehr umstritten. Der Bergbau auf Palawan steht in der Kritik, die Biodiversität, Landwirtschaft, nachhaltigen Tourismus und das Leben der Indigenen Gemeinschaften massiv zu gefährden (vgl. No To Mining in Palawan 2011). Der Konflikt um Bergbau auf der Insel fand mit der Ermordung des Radiomoderators Gerry Ortega einen vorläufigen traurigen Höhepunkt im Januar 2011 (vgl. Kapitel VII).

CGA Mining Limited

CGA Mining Limited ist ein australischer Bergbaukonzern, der das *Masbate Gold Project* besitzt. Im Juli 2008 erhielt er für dieses Projekt eine Finanzierung in Höhe von 80,3 Millionen US-Dollar von der deutschen West LB. Erst im Januar desselben Jahres hatte sich die Bank aus einem umstrittenen Projekt im Norden der Insel Sulawesi (Indonesien) zurückgezogen. Es handelte sich um die *Toka Tindung Goldmine*, die laut dem lokalen Gouverneur illegal betrieben worden ist (Money To Metal 2011a).

Das Masbate Gold Projekt war im April 2007 zum Ziel eines Angriffs durch die Guerilla der NPA geworden. Am 3. April überfielen bis zu 50 Personen in Aroroy den Bergbaukonzern und zündeten fünf Gebäude und schweres Gerät an. Sie hinterließen selbstgemachte Bomben, um die Sicherheitskräfte zu behindern. Ein Polizist, der die Angreifer verfolgte, kam ums Leben (Alyansa Tigil Mina 2010a).

Egerton und Minimax

Egerton Gold Philippines Inc. war vormals ein australisches Unternehmen mit dem Namen *Egerton Gold NL* (heute: *Aviva Corporation Ltd*). Im Jahr 2008 kaufte der kanadische Gold- und Kupferbergbaukonzern *Mindoro Resources Ltd.*, der sowohl an der Börse in Toronto als auch an der Frankfurter Börse gehandelt wird, einhundert Prozent der Anteile von *Egerton Gold Philippines Inc.* Das Unternehmen erkundet und operiert in der Provinz Batangas (Profundo 2009, S. 7). Dort wird aufgrund der negativen Erfahrungen mit Bergbau in den letzten Jahren momentan ein Verbot von offenem Tagebau diskutiert.

Minimax Minerals Exploration Corporation ist ein philippinischer Konzern, der Beteiligungen an vier Bergbauoperationen in Surigao del Norte besitzt: Erstens die *Agata Nickel, Gold and Porphyry Copper-Gold Prospect* (4.955 Hektar); Zweitens die *Mat-I Gold Prospect* (Größe unbekannt); Drittens die *Tapian Main Copper-Gold Prospects* (1.296 Hektar); Viertens die *Tapian San Francisco Copper-Gold Prospects* (1.100 Hektar). Alle vier Projekte sind im Besitz von *Mindoro Resources Ltd.* (42.5 Prozent), *Panoro Minerals Ltd.* (42,5 Prozent) und *Minimax* (15 Prozent) (Profundo 2009, S. 9).

Lepanto

Lepanto Consolidated Mining Company wurde 1936 in den Philippinen gegründet und baut die Goldvorkommen in den Projekten Victoria und Teresa in Mankayan (Benguet Provinz) ab.

Im Jahr 2008 beschäftigte das Unternehmen knapp 2.000 Arbeiter/innen, doch es kam häufiger zu Problemen bei der Bezahlung. Seit 1947 werden Aktien von Lepanto an der Philippinischen Börse gehandelt, seit einigen Jahren hat das Unternehmen auch deutsche Kreditgeber, unter anderem die Dresdner Bank, die heute zur Commerzbank gehört (Profundo 2009, S. 8).

Am 25. Januar 2006, nachdem die Investoren und Lepanto sich nicht über eine Absicherung mit Gold einigen konnten, wurde ein Goldliefervertrag (*Gold Delivery Agreement*) mit der Dresdner Bank abgeschlossen. Dieser Vertrag besagte, dass Lepanto geschätzte 14 Millionen US-Dollar (11,4 Millionen Euro) erhielt und sich verpflichtete, ab dem 1. Februar 2006 bis zum 30. September 2009 den Gegenwert von 200 Unzen Gold in US-Dollar zurückzuzahlen. Am 30. September 2009 sollte der Restbetrag fällig werden. Nach einer Überarbeitung des Vertrages im Jahr 2008 wurde die Laufzeit bis September 2011 verlängert und die Rückzahlung wurde auf 250 Unzen Gold bis zum 21. Oktober 2010 erhöht (Profundo 2009, S. 8).

Der Ressourcenabbau von Lepanto ist alles andere als unumstritten. Die Chronologie der Umweltkatastrophen in Mankayan erstreckt sich über 70 Jahre und korreliert mit der Ignoranz des Konzerns gegenüber Umweltbelangen und der Sicherheit der Bevölkerung. Ende der 1960er Jahre musste die lokale Bevölkerung feststellen, dass das Land zunehmend unbrauchbar für Landwirtschaft wurde, da Lepanto zu dieser Zeit schon seit über drei Jahrzehnten Abwässer in den Flüssen der Region entsorgte. Seit Ende der 1970er Jahre kontaminierten Abwässer nach Dammbrüchen mehrfach die Reisfelder. 1985 nahmen die Bewohner/innen Mankayans abnormes Verdorren von Pflanzen, Erkranken von Tieren, sowie Atemwegserkrankungen in der Bevölkerung wahr. 1998 sanken Häuserreihen entlang der Aurora Street in Barangay Poblacion um drei Meter in die Tiefe. Im Juli 2006 verursachte ein Erdrutsch und massives Absinken des Bodens die Zerstörung von Häusern, Gärten und der Wasserversorgung. Ein Bewohner wurde lebendig begraben, das zweistöckige Schulgebäude sowie Teile des Highways wurden zerstört, 14 Hektar Land waren verwüstet. Im Juni 2009 kam es erneut zum Absinken des Erdbodens. Der lokale Gouverneur erklärte den Ausnahmezustand. Anfang Oktober desselben Jahres tötete ein Erdrutsch über 40 Bewohner/innen (vgl. Save the Abra River Movement 2004; Gruber und Reckordt 2010).

»*We are not safe in our own homes, knowing that anytime, disasters are waiting to happen. We want to live safely and pass on our Mankayan to our children and grandchildren*«, schreiben die *Mankayan Communities* am 16. Juli 2009 in einer Erklärung (zitiert nach: Cordillera People's Alliance 2009). Sie fordern von Lepanto Aufklärung über die tatsächliche Verortung der Operationen des Konzerns, insbesondere über diejenigen, in deren Nähe sie leben.

Von rechts fließt ein von Lepantos Bergbauaktivitäten verseuchter Fluss in naturbelassenes Gewässer. Anhand der gelben Steine kann man leicht erkennen, dass das Wasser auch für Menschen schädlich ist. Foto: M. Reckordt

Metals Exploration

Metals Exploration plc ist ein britischer Konzern, der im *Alternative Investment Market of the London Stock Exchange* gehandelt wird. Der Fokus in den Philippinen liegt in der Provinz Nueva Vizcaya. Das Unternehmen hatte 2009 keine aktiven Minen und erwirtschaftete somit auch keine Erlöse. Der Verlust im Jahr 2008 belief sich auf 3,4 Millionen Pfund (circa 4,5 Millionen Euro) (Profundo 2009, S. 9).

Dem britischen Konzern gehört unter anderem die wichtige Tochtergesellschaft *FCF Minerals Corporation*, die ein *Exploration Permit* für Runruno besitzt. *Metals Exploration* gehört 85 Prozent am Unternehmen und besitzt außerdem eine Kaufoption an *Christian Mining Inc.* für die restlichen 15 Prozent. Zudem wurde im Dezember 2005 *MTL Philippines Inc.* von dem britischen Konzern als Rohstoffhändler integriert, die im Jahr 2009 als regionales Hauptbüro fungierten (Profundo 2009, S. 9).

Die Allianz AG besitzt zwischen drei und vier Prozent an Aktien an dem Unternehmen (der Aktionär 2010). Im Jahr 2007 waren es sogar 7,27 Prozent (Helmscott 2009; zitiert nach Money To Metal 2011b).

OceanaGold

OceanaGold (Philippines) Inc. ist der Besitzer der *Didipio Gold and Copper Project* in Nueva Vizcaya. Es wurde von dem australischen Konzern *Climax Mining Inc.* als *Australasian Philippines Mining Inc.* in den Philippinen gegründet. Nach dem Zusammenschluss von *Climax* und *OceanaGold Corporation* im Jahr 2006, wurde auch die philippinische Tochter in *OceanaGold (Philippines)* umbenannt (Profundo 2009, S. 9 f.).

OceanaGold Corporation wird an den Börsen von Toronto, Australien und Neuseeland geführt und neben dem Didipio Projekt hat das Unternehmen auch noch Projekte in Australien und Neuseeland.

Das Unternehmen ist zuletzt aufgefallen, da die Menschenrechtskommission der Philippinen (*Commission on Human Rights*) die philippinische Regierung aufforderte, dem Unternehmen aufgrund von Menschenrechtsverletzungen die Bergbaulizenz zu entziehen (ausführlicher in Kapitel VII).

Philex

Philex Mining Corporation wurde 1955 in den Philippinen gegründet und ist an der philippinischen Börse gelistet. Philex, sei es direkt oder indirekt, kontrolliert mehrere Bergbauunternehmen in den Philippinen, darunter *Philex Gold Philippines, Brixton Energy & Mining Corporation* und *Minphil Exploration Com-*

pany. Der philippinische Konzern besitzt unter anderem die *Padcal Mine* in Tuba (Benguet Provinz) und produziert dort Kupfer, Gold und Silber (Profundo 2009, S. 10).

Zudem ist Philex ein Joint Venture mit *Anglo American plc*, einem britischen Unternehmen, das an der Börse in London und Johannesburg gehandelt wird, eingegangen und besitzt das *Boyongan Copper-Gold Deposit*. Das Boyongan Deposit umfasst 3.011 Hektar Land in Surigao del Norte und Agusan del Norte. Die Erkundungsbohrungen waren 2009 schon weit fortgeschritten und man ging von einer kommerziellen Betreibung im Jahr 2010 aus (Profundo 2009, S. 10).

Philex hat knapp 2.200 Angestellte, wovon 2.000 operational arbeiten. Im Jahr 2008 lag der Ertrag von Philex durch Bergbau bei 9,7 Milliarden Peso (circa 150 Millionen Euro) und der Profit bei 2,9 Milliarden Peso (circa 45,6 Millionen Euro) (Profundo 2009, S. 10). Philex ist zuletzt im Jahr 2011 von der UN auf eine schwarze Liste gesetzt worden, da das Unternehmen gegen Transparenz-Richtlinien verstoßen hatte (Logarta 2011).

Platinum Group

Platinum Group Metals Corporation ist ein philippinisches Unternehmen, dem das Dinapigue Nickel Projekt in Dinapigue (Isabela Provinz) gehört – das in einem fortgeschrittenen Stadium der Erkundung ist – sowie das Manticao Ferronickel Smelter Projekt in Manticao (Misamis Oriental Provinz), das zum Zeitpunkt der Studie noch gebaut worden ist (Profundo 2009, S. 11).

Die Firma gehört zu einer Gruppe von Bergbaukonzernen, die im Nordosten Mindanaos, in Surigao del Sur und Surigao del Norte Nickel abbauen. Indigene Gemeinschaften haben im Mai 2011 einen *Writ of Kalikasan*, eine einstweilige Verfügung, vor dem Obersten Gerichtshof gegen diesen Abbau eingereicht. Sie werfen den Unternehmen verschiedene Umweltvergehen vor (vgl. Caliguid 2011, San Juan 2011).

Sagittarius Mining Inc (SMI)

Sagittarius Mining Inc. ist ein philippinischer Konzern, der das Tampakan Gold Projekt betreibt. 375.000 Tonnen Kupfer und 360.000 Unzen Gold sollen jährlich über einen Zeitraum von 17 Jahren gefördert werden. Generaldirektor Mark Williams sagt, dass die Investition in Höhe von 5,9 Milliarden US-Dollar die größte ausländische Direktinvestition in den Philippinen sei und das Bruttosozialprodukt des Landes um jährlich ein Prozent steigern würde. Während der Konstruktionsphase würden 10.000 Jobs und während der Operationsphase 2.000 Jobs geschaffen (SMI 2011a). Insgesamt umfasst das Gebiet 27.945 Hektar, die sich in den

Provinzen South Cotabato, Sarangani Province, Sultan Kudarat und Davao del Sur auf der südlichsten Insel Mindanao befinden (Reckordt 2010).

Das Unternehmen, 62,5 Prozent der Anteile werden vom Schweizer Bergbaukonzern Xstrata gehalten und 37,5 vom australischen Konzern *Indophil Resources NL*, beschäftigte im Dezember 2009 252 Angestellte und 1.065 Kontraktarbeiter/innen (SMI 2011a), deren Verträge aber häufig nur eine Laufzeit von wenigen Tagen oder Wochen besitzen.

An SMI sind keine deutschen Banken direkt beteiligt, allerdings indirekt über Beteiligungen an Xstrata. Der Schweizer Konzern operiert in 19 Ländern, das *Tampakan Mining Project* ist allerdings das einzige in den Philippinen. Xstrata hält über das Projekt die Managementverantwortung.

Für die Philippinen ist dieses Projekt eines der wichtigsten Bergbauprojekte. Die meisten Konzerne betreiben die Rohstoffgewinnung in abgeschiedenen Bergregionen, in denen der philippinische Zentralstaat nie ernsthaft versucht hat, eine Grundversorgung zu gewährleisten. Konzerne wie Xstrata/SMI füllen diese Lücke durch den Bau von Straßen, Schulen, Krankenhäusern und weiterer Infrastruktur. Für die Konzerne sind die anfallenden Kosten steuerlich absetzbar und von geringer Höhe, gerade im Vergleich zu den erwarteten Gewinnen. Den Anwohner/innen wird scheinbar gezeigt, dass die Konzerne – im Gegensatz zum Staat – sich um die Menschen kümmern. Neben sozialer und technischer Infrastruktur bringen sie zudem Jobs und Geld in die Region.

Die Situation in Tampakan ist dafür ein Paradebeispiel. Schon in der Mitte der 1990er Jahre kaufte ein australisches Unternehmen namens *Western Mining Corporation* (WMC) das Recht, Mineralien in der Region abzubauen. WMC versprach, die Region zu entwickeln und Straßen und Häuser zu errichten. Es entstanden einige Jobs für die Indigene Bevölkerung, die allerdings in der Regel schlecht bezahlt und körperlich anstrengend waren. So trugen Indigene Ausrüstung in die entlegenen Gebiete für die Probebohrungen. Verschwiegen hingegen wurde den Menschen, dass Bergbau in diesem Falle nicht nur ein paar Probebohrungen, sondern offener Tagebau bedeutet.

Als Xstrata/SMI die Konzession übernahm, investierten sie ebenfalls zuerst in Infrastruktur, um sich einen guten Ruf zu verschaffen. Zum jetzigen Zeitpunkt schließt der Konzern wichtige Vorbereitungsschritte ab. Laut Plan soll 2016 mit der eigentlichen Förderung von Kupfer und Gold begonnen werden.

Eine Machbarkeitsstudie des Unternehmens wurde Anfang 2010 bei der zuständigen Behörde, dem *Mines and Geosciences Bureau* (MGB) in Koronadal City, eingereicht. Diese Studie ist Grundlage für die Erlangung eines Zertifikats, das die Umweltschutzauflagen (ECC) bestätigt.

Die Machbarkeitsstudie wurde allerdings vom MGB streng vertraulich behandelt und der Öffentlichkeit nicht zugänglich gemacht. Selbst in der Behörde hatte nur ein kleiner Kreis der Mitarbeitenden einen Einblick. NGOs und Kirchen beklagen diesen Zustand, da es sich um ein öffentliches Dokument handelt, zu dem der Zugang gewährleistet werden müsse. Das MGB verweist hingegen auf SMI, das als Autor dieses Dokuments auch die geistigen Eigentumsrechte an der Studie halte, so Hernani G. Abdon vom MGB.

Erst im Sommer 2011 wurde das *Environmental Impact Assessment* veröffentlicht. Ab Ende September 2011 haben nun die Anwohner/innen, Indigene Gemeinschaften, Kritiker/innen und zivilgesellschaftliche Organisationen eine Diskussionsgrundlage, um Ein- und Widersprüche einzulegen. Aus den Dokumenten von SMI geht hervor, dass der Konzern mit der Umsiedlung von 4.000 Personen aus 870 Haushalten rechnet, wovon laut Konzern 70 Prozent Indigenen Gemeinschaften angehören. Zudem befinden sich auf 40 Prozent der Fläche (3.750 Hektar) Regenwälder, die abgeholzt werden müssen und in denen sich schätzungsweise 1.000 Pflanzen- und 280 Tierarten befinden. Die restlichen 60 Prozent der Fläche sind obendrein häufig agrarisch genutztes Land. Eine Gold-Kupfer-Pipeline wird zu einem noch zu errichtenden Hafen führen, ein Kohlekraftwerk das Bergwerk mit Elektrizität versorgen. Das Abbauprojekt – ohne Kohlekraftwerk – wird geschätzte 0,4 Prozent der gesamten Emissionen der Philippinen ausmachen und ist somit alles andere als klimaneutral (SMI 2011b).

Trotz des fortgeschrittenen Stadiums der Vorbereitung bleiben für die Bewohner/innen die meisten Fragen noch ungeklärt: Was passiert eigentlich mit den dort lebenden Menschen? Wann, wie und wohin werden sie umgesiedelt? Werden Entschädigungen bezahlt? Wie werden diese bemessen? Bis heute hat es, laut den Indigenen Gemeinschaften, keinen FPIC von der Bevölkerung gegeben, also keine »informierte Zustimmung« für den offenen Tagebau. Selbst auf die Frage, wann dieser FPIC stattfinden wird, gibt es keine Informationen.

Der Konzern hingegen gibt an, allein im letzten Quartal 2009 mehrere Konsultationsprozesse unternommen zu haben. Er wirbt sogar am Flughafen in Davao in einem Video mit diesen Prozessen. Jedoch berichten Teilnehmer/innen, dass bei diesen Konsultationen kritische Fragen meist nicht berücksichtigt oder überhaupt zugelassen worden sind. Stattdessen verteilt Xstrata/SMI große Mengen an Baseball-Caps, T-Shirts, Rucksäcken, finanziert lokale Veranstaltungen sowie Stipendien-Programme.

Durch diese Präsenz erzeugt der Konzern das Gefühl, dass er sich um die Menschen kümmert. Daher erhält er von einem großen Teil der betroffenen Gemeinden Rückhalt, polarisiert diese aber auch. Auf der einen Seite stehen die Bergbau-Befürworter/innen, die sich vor allem Arbeitsplätze, eine Anhebung des Lebensstandards und ökonomische Vorteile versprechen. Auf der anderen Seite befinden sich vor allem die Kirche, Bewohner/innen und einige wenige indigene Gemeinschaften, die sich gegen *Large Scale Mining* und offenen Tagebau aussprechen. Sie fürchten

Eine Tasche mit SMI-Logo: Was für die Bergbaufirmen einfaches Promo-Material darstellt, ist für die ländliche Bevölkerung oft viel wert. Foto: M. Reckordt

um ihre Zukunft, haben Angst um ihre Felder, Tiere und Wasserversorgung, wollen nicht umgesiedelt werden und das kostbare Land ihrer Ahnen nicht durch den Bergbau zerstört sehen.

Viele Aktivist/innen fürchten die negativen ökologischen und sozialen Folgen des Großbergbaus, nicht nur in South Cotabato. Diese sind vor allem im landintensiven und umweltschädlichen Tagebauverfahren sichtbar. Abbaubedingte Entwaldung führt zu Erosion, Erdrutschen und Verwüstung. Flüsse und das Grundwasser werden durch Quecksilber und Zyanid vergiftet, da die Rückhaltegräben zuweilen undicht sind oder bersten. Diese vergiften nicht nur ganze Flüsse, sondern auch alles anliegende Land.

Den hohen Strombedarf, den die Betreibung einer Mine erfordert, soll ein Kohlekraftwerk in der Nähe sichern. Dieses Kohlekraftwerk beeinträchtigt potentiell wiederum die Gesundheit der Anwohner/innen und trägt durch die Emissionen negativ zum Klimawandel bei.

Fazit

Wie in diesem Artikel zu sehen, gibt es mannigfache Verbindungen zwischen deutschen Banken und Bergbau in den Philippinen. So treten deutsche Banken zum Beispiel als Anteilseigner von großen multinationalen Bergbaukonzernen auf, die in den Philippinen tätig sind oder ko-finanzieren Bergbauprojekte in dem Land über Kredite und Abkommen. Daraus ergibt sich für die betreffenden Banken und anderen Investoren auch eine Mitverantwortung für die (negativen) Auswirkungen der Abbauprojekte.

Informationen über Projekt- und Unternehmensfinanzierung durch öffentliche wie private Banken sind in der Regel nur schwer zugänglich. Mehr Transparenz wäre hier dringend erforderlich und im öffentlichen Interesse. In ihrer Publikation „Transparenz beginnt zu Hause" hatten Misereor, Brot für die Welt und das Global Policy Forum einige konkrete Forderungen und Empfehlungen hierzu formuliert, deren Umsetzung auch den vom Bergbau betroffenen Gemeinden auf den Philippinen helfen können.

Die im Juni 2011 von der UN verabschiedeten *Guiding Principles* (vgl. Kapitel III) und die Anforderungen an die nötige menschenrechtliche Sorgfaltspflicht gelten auch für private und öffentliche Banken.

Daher sollten sie sicherstellen, dass ihre Investitionen und Kreditvergaben nicht Unternehmen zu Gute kommen, die sich Menschenrechtsverletzungen schuldig machen oder an diesen beteiligt sind. Eine gute know your customer-Politik ist ratsam. Zudem sollten auch Unternehmen, die notorisch Umweltauflagen umgehen und die Umwelt zerstören, nicht unterstützt werden, um des Erhaltes der Umwelt willen, aber auch, weil Umweltverschmutzungen immer wieder gravierende Menschenrechtsverletzungen zur Folge haben. Banken und Investoren sollten zudem sicherstellen, dass ihre Investitionen keine lokalen Konflikte schüren oder verschärfen. Sie sollten daher Maßnahmen ergreifen, um sicherzustellen, dass insbesondere dort, wo Bergbau auf von Indigenen Völkern bewohnten Gebieten geplant ist oder stattfindet, dieser nur mit dem free, prior and informed consent der betroffenen Gemeinden durchgeführt wird. Bergbaufirmen, mit denen sie Geschäftsbeziehungen unterhalten, sollten die Banken frühzeitig auf deren Verhalten in Hinsicht auf FPIC prüfen. Das kann im Zweifelsfall bedeuten, bei einem »Nein« der lokalen Bevölkerung auf eine Finanzierung oder Kreditvergabe für ein Projekt oder einen Geschäftsabschluss mit einem Bergbauunternehmen zu verzichten. Nur bei Zustimmung der lokalen Bevölkerung handelt es sich um eine »sichere Investition«, an der es den Banken und Investoren gelegen sein muss.

Generell müssen die Rechte von Menschen über denen von Investoren stehen, ganz gleich wie hoch die Investitionen sind oder wie lukrativ sie erscheinen.

Anmerkung

1 Das folgende Kapitel basiert auf einer Studie von Profundo für das **philippinen**büro und Misereor im Rahmen des Projekts. Die Studie wurde im November 2009 durchgeführt und fertig gestellt. Für diese Publikation wurden die Werte zum Teil aktualisiert.

Mineral Management Bill in den Philippinen

Von Romel de Vera

Viele zivilgesellschaftliche Gruppen und Basisorganisationen sind vor allem mit ihrer Arbeit mit den Gemeinden vor Ort und deren Widerstand gegen die schädlichen Auswirkungen des großflächigen Bergbaus befasst. Ihre Arbeit gegen die nationale Bergbaupolitik und die Ausbeutung mineralischer und anderer natürlicher Rohstoffe begrenzt sich daher häufig auf Slogans. Das Streben der Unternehmen nach Zugang und Kontrolle über Mineralien und andere Ressourcen kombiniert mit der Besessenheit der Regierung das Staatseinkommen zu erhöhen, als Gegenleistung für die Schaffung eines Zuganges für die Unternehmen zu den rohstoffreichen Gebieten, macht es verständlich, dass es in der Advocacy-Arbeit gegen die globalen Bergbauunternehmen in erster Linie um die Stärkung des Widerstands der lokalen Gemeinden geht.

Die Kritik an der nationalen Bergbaupolitik hat auf den Philippinen allerdings ebenfalls an Bedeutung gewonnen. Die Aufhebung des Bergbaugesetzes von 1995 zu fordern ist sinnvoll. Es ist wohl der harten Arbeit einiger Anwälte/innen zu verdanken, dass dabei am Ende mehr als Plakate mit dem Slogan »Weg mit dem Bergbaugesetz« (»*Scrap RA7942: Mining Act of 1995*«) entstanden sind.

Denn in den letzten zwei Jahrzehnten hat es die Bergbauindustrie weltweit geschafft, die Regierungen dazu zu bringen, unternehmensfreundliche Rahmenbedingungen zu schaffen. Diese erleichtern den Konzernen den Zugang zu Rohstoffen. Das führte auch zur Überarbeitung von Bergbaugesetzen in vielen rohstoffreichen Ländern in Südamerika, Afrika und Asien, wie auch in den Philippinen im Jahr 1995. Diese Welle der »Neukodifizierung« zielte darauf ab, das Eigentum der öffentlichen Hand an Bergbauunternehmen abzuschaffen sowie den Rohstoffabbau und die Produktion auf den Export zu konzentrieren. Exploration und Abbau werden dabei durch ausländische Unternehmen bestimmt und weltweit agierende Bergbauunternehmen erhalten leichteren Zugang zu den Abbaugebieten.

Der philippinische *Mining Act of 1995* entspricht genau diesem Trend und diesen Vorgaben. Er will primär ausländische Investitionen ins Land locken; gleichzeitig wird durch ihn die verfassungsrechtlich verankerte Bestimmung umgangen, dass der Großteil eines Abbauunternehmens unter philippinischer Kontrolle stehen muss. Das Gesetz bevorzugt die globale Bergbauindustrie und bietet ihr Zugang zu rohstoffreichen Gebieten sowie die Kontrolle über diese, um die weltweit steigende Nachfrage nach Rohstoffen und Energie zur Produktion, Verteilung und Konsum verschiedenster Wirtschaftsgüter zu befriedigen.

In einem ersten Protest im Jahr 1997 wurde die Verfassungsmäßigkeit des Bergbaugesetzes durch eine Klage von der *La Bugal-B'laan Tribal Association* in Frage gestellt. Dem lag der Fall des Bergbauvorhabens der australischen *Western Mining Corporation* zugrunde, die ein FTAA (vgl. Kapitel IV) mit der philippinischen Regierung über eine Gold- und Kupfermine im Südwesten Mindanaos abgeschlossen hatten. Im Januar 2004 entschied der Oberste Gerichtshof, dass dieses FTAA aufgrund des ausländischen Eigentums an natürlichen Ressourcen verfassungswidrig sei. Im Verlaufe des Jahres wurde diese Entscheidung vom Obersten Gerichtshof mit der Begründung revidiert, dass es unklug gewesen wäre, »das Wachstum für engstirnige und niedere Interessen zu strangulieren«. Zeitgleich veröffentlichte die Arroyo Regierung ein Programm zur Revitalisierung der Bergbauindustrie und den *Mineral Action Plan*.

Wie zuvor erwähnt, ist die Aufhebung des Bergbaugesetzes sinnvoll, aber um über bloße Sprüche hinauszugehen, mussten sich die Anti-Bergbau-Aktivist/innen mit der Frage beschäftigen, durch was das Gesetz überhaupt ersetzt werden solle – der Rückgriff auf das alte Gesetz ist keine Alternative – und ob es überhaupt Sinn machen würde, Kampagnen für ein neues Bergbaugesetz zu starten.

Ein Schritt in diese Richtung war die »*Dapitan Initiative*« von 2002. Auf einer Konferenz zu Umwelt-, Sozial- und Gemeinschaftsrechten in Dapitan (Zamboanga del Norte) wurde der wirtschaftliche und politische Aufbau der Bergbauindustrie kritisiert und den gesetzlichen Rahmenbedingungen widersprochen, die aus diesem Aufbau resultierten. In ihrer Erklärung haben die Teilnehmer/innen sich dazu verpflichtet, »die Rechte indigener Völker zu schützen und ein ökologisch bewusstes, Gender gerechtes und gleichwertiges System für Ressourcenmanagement zu verwirklichen« sowie »auf einen demokratischen und beratenden Prozess im rechtlichen Rahmen hin zu arbeiten, um eine kluge Verwaltung von natürlichen Ressourcen zu erreichen.«

Das Ergebnis regelmäßiger Gespräche und Treffen mit Expert/innen war der *Alternative Mining Bill* (AMB), der im letzten Kongress unter der Arroyo Administration als HB 6342 (House Bill 6342) eingereicht wurde.

Dies war der erste juristische Angriff auf den Mining Act von 1995. Die *Chamber of Mines* reagierte in ihrer Kampagne sofort darauf und bezeichnete einige zentrale Forderungen der AMB als verfassungswidrig (zum Beispiel das Eigentum Indigener an Rohstoffen), verteidigte den *Mining Act* (indem sie behaupteten, er wäre besser als in manchen Industriestaaten) und warb weiterhin für ihre eigenen Gesetzesinitiativen und Forderungen (zum Beispiel die Beendigung lokaler Bergbaumoratorien und der Überprüfung der konstitutionellen 40–60 Anteilskapitalrestriktion für ausländische Investoren).

Während die Opposition von Seiten der Unternehmen zu erwarten war, war es schwieriger für uns, sich auf Fragen der Gemeinden und Netzwerkorganisationen einzustellen, die sich aktiv gegen Bergbau verteidigten. Diese wollten wissen, ob es politisch und strategisch der richtige Weg sei, von der Regierung ein neues Gesetz zu verlangen, wenn sich zeitgleich die Gruppen vor Ort aktiv gegen Bergbau und dessen Auswirkungen wehren mussten.

Ein Teil dieser Verwirrung und Fehlinterpretation entstand durch die Bezeichnung des Gesetzentwurfes als »*Alternative Mining Bill*«. Erstens klingt es, als würde dieser neue Abbaumethoden verlangen – »*Alternative Mining*« – und es klingt stark nach der Propaganda der Unternehmen, die sich für »verantwortlichen Bergbau« (»*Responsible Mining*«) oder »nachhaltigen Bergbau« (»*Sustainable Mining*«) einsetzen. Zweitens erweckt der Name den Eindruck als würde es am Ende weiterhin nur um den Mineralienabbau gehen, was nicht der Fall ist.

Was von uns gefordert wird, ist nichts weniger als ein Paradigmenwechsel im gesetzlichen Rahmen, der Management und *Governance* mineralischer Ressourcen regelt. Ein solcher Wechsel erkennt die Bedeutung nicht-erneuerbarer Mineralien für die nationale Entwicklung an und verhindert deshalb den Abbau soweit dies sinnvoll ist, um den Bedarf der kommenden Generationen von Filipin@s zu schützen und einen vernünftigen Rahmen für das Rohstoffmanagement zu etablieren, der auf die Bedürfnisse und die inländische Nutzung ausgerichtet ist, und der darüber hinaus ökologische und soziale Vor- und Nachteile auch in Konkurrenz zu einer möglichen anderen Nutzung des Landes abwägt.

Nach der Verfeinerung des Gesetzentwurfes und der Berücksichtigung der bisherigen Erfahrungen aus der Diskussion um die AMB, reichten LRC und ihre Netzwerkpartner am 1. Dezember 2010 einen neuen *Minerals Management Bill* (MMB) in den 15. Kongress ein.

Unter den Kernprinzipien der *House Bill 3763* oder dem *Philippine Mineral Resources Act of 2010* hat die Erhaltung von mineralischen Ressourcen die höchste Priorität. Abbau, Entwicklung und Nutzung der mineralischen Ressourcen sollen in erster Linie der philippinischen Bevölkerung zugutekommen und vorrangig in Richtung einer nationalen Industrialisierung und Modernisierung der Landwirtschaft ausgerichtet werden. Um das Eigentum Indigener Gemeinschaften über mineralische Ressourcen in ihrem Ahnenland zu gewährleisten, wird ein multisektoraler Rat eingerichtet, der darüber entscheidet, ob der Abbau und die Verarbeitung von Bergbau in den betreffenden Gebieten gestattet wird. Grundlage der Entscheidung ist die Einbindung der betroffenen Indigenen Gemeinschaften und deren demokratische Partizipation. FTAAs und andere Abkommen, die bisher ausländischen Unternehmen gestattet haben, Mineralien zu erkunden und abzubauen, sind nicht mehr erlaubt. Offener Tagebau wird verboten. Des Weiteren sollen »No-go-«Zonen eingerichtet werden. In bestimmten Gebieten, die anderweitig einen größeren Nutzen erbringen, wird Bergbau nicht mehr erlaubt sein, denn eine nachhaltigere Lebensweise der Gemeinden wird Priorität erhalten, insbesondere sind Ernährungssicherheit und menschenwürdige Lebensbedingungen für die Anwohner/innen von höchster Bedeutung.

Diese Prinzipien und Schlüsselelemente sind auch in zwei anderen Gesetzesentwürfen zu finden, die im 15. Kongress diskutiert werden, und die ebenfalls die Aufhebung des *Mining Acts* fordern – der *Alternative Mining Bill*, eingereicht vom Abgeordneten Erin Tanada und der *Peoples Mining Bill,* der von der Partei Bayan Muna eingereicht wurde.

Die Minerals Management Bill zu unterstützen, ersetzt nicht die lokale Widerstandsarbeit. Das ist vielmehr Transformationsarbeit, die im Zusammenhang mit dem Widerstand und den Kämpfen der vom Bergbau betroffenen Gemeinden erfolgt. Beides verstärkt sich gegenseitig. Der Widerstand gegen den Großbergbau durch global agierende Unternehmen wird erweitert, wenn die Prinzipien und Werte, für die wir eintreten, klar formuliert sind und Unterstützung erfahren. Und unsere Vision von und Arbeit für eine/r bessere/n Welt wird durch unsere Siege vorangebracht. Diese Siege erreichen wir, indem wir klar Position gegen die Zerstörung von Gemeinschaften und Ökosystemen beziehen.

Es ist unsere Arbeit für eine Veränderung, die wichtig ist. Die Gesetzentwürfe zum Rohstoffmanagement werden unter Umständen ihre Namen ändern und vielleicht dauert es Jahrzehnte, bis sie den Kongress passieren. Doch die Grundideen bleiben die gleichen. Und wir werden uns weiterhin dafür einsetzen, dass sie von den Gemeinschaften und der Zivilgesellschaft übernommen und unterstützt werden, um den Widerstand zu inspirieren und als Aufhänger für den Kampf um eine demokratischere und nachhaltigere Zukunft zu dienen. Wenn wir damit erfolgreich sind, haben wir schon gewonnen und die Verabschiedung des Gesetzes ist nur noch eine Formalität.

Literaturhinweise und Quellen

- ABS-CBN (2011): Mining ban row in Tampakan should be settled in 2011 – SMI; online unter: http://www.abs-cbnnews.com/business/03/31/11/mining-ban-row-tampakan-should-be-settled-2011-smi; 1.4.2011
- ADB (2010): Fact Sheet Germany; online unter: http://www.adb.org/Documents/Fact_Sheets/GER.pdf
- AFPress (2011): ›Gunmen offered P150,000 to kill Ortega‹; In: ABS-CBN-News Online am 25. Januar 2011; online unter: http://www.abs-cbnnews.com/nation/regions/01/25/11/gunmen-offered-p150000-kill-ortega
- AGENDA Public Information Desk (2009): The Facts & Story behind the Death of Eliezer »Boy« Billanes; Pressemitteilung vom 23. März 2009; online unter: http://www.arkibongbayan.org/2009/2009-03-March31-billanes/billanes.htm
- Akbayan (2011): Earth borrowed from our children; Pressemitteilung vom 11. August 2011; online unter: http://www.akbayan.org.ph/news/12-press-releases-press-releases/114-earth-borrowed-from-our-children
- Alave, Kristine L. (2010): Environment chief calls NPA threat to mining a national concern; In Philippine Daily Inquirer vom 27. Dezember 2010
- Alave, Kristine L. (2011): DENR: No more mining permits; In Philippine Daily Inquirer vom 18. Februar 2011
- Alegre, Ace (2010): Mining Workers in Lepanto to Go on Strike; In: Bulatlat vom 13. November 2010
- Alston, Philip (2008): Promotion and Protection of all Human Rights, Civil, Political, Economic, Social and Cultural Rights, Including the Right to Development; online unter: http://www.karapatan.org/files/English_Alston_Report_Mission_to_the_Philippines_HRC8.pdf
- Alyansa Tigil Mina (2008): Pointing the Finger; Pressemitteilung vom 11. September 2008; online unter: www.minesandcommunities.org/article.php?a=8797
- Alyansa Tigil Mina (2010a): Impact of the Philippine Elections in the Mining Industry; online unter: http://www.alyansatigilmina.net/content/story/may2010/impact-philippine-elections-mining-industry
- Alyansa Tigil Mina (2010b): Church and religious light candles and prayers for extrajudicial killings; Pressemitteilung vom 15. September 2010
- Alyansa Tigil Mina (2011): After 15 years, communities suffer from the impacts of the Boac Mining Disaster; Pressemitteilung vom 24. März 2011; online unter: http://www.alyansatigilmina.net/content/story/march2011/after-15-years-communities-still-suffer-impacts-boac-mining-disaster
- Amnesty International (2008a): UA 274/08 – Possible enforced disappearance (AI Index: 35/007/2008) vom 25. September 2008
- Amnesty International (2008b): Further Information on UA 274/08 – Possible enforced disappearance (AI Index: 35/009/2008) vom 6. November 2008

- Amnesty International (2010): Amnesty International urges government – Deliver Justice to victims of extrajudicial executions in mining communities; Pressemitteilung vom 14. September 2010
- Amnesty International (2011): Progress, Stagnation, Regression? The State of Human Rights in the Philippines under Aquino; online unter: http://www.amnesty.org/en/library/asset/ASA35/002/2011/en/3f8094cb-a8f7-4232-8670-99d8a30cbaab/asa350022011en.pdf
- Anda, Redempto (2011): Palawan police charge 5 in Doc Gerry's murder; In: Philippine Daily Inquirer vom 27. Januar 2011
- Apex (2011): »Annual Report 2010«; veröffentlicht am 2. Mai 2011; online unter: www.apexmining.com
- Arguelles, Mar S. (2011): Albay bans future mining activities; In: Inquirer Southern Luzon vom 27. März 2011
- Arguillas, Carolyn O. (2010): The »Presidentiables« and Mindanao 2010–2016 (5): Logging, Mining; In: MindaNews Online am 8. April 2010; online unter: http://www.mindanews.com/2010/04/08/the-%E2%80%9Cpresidentiables%E2%80%9D-and-mindanao-2010-2016-5-logging-mining/
- Arraya, A. (2005): Defensor cites importance of mining project in Albay. In: Philippine Information Agency vom 27. April 2005
- Auswärtiges Amt (2010): Detlef Mehlis leitet EU-Justizmission auf den Philippinen; Pressemitteilung vom 4.1.2010 AFX News Limited – Forbes (2007): »Philippine govt says Australia's BHP to invest 1.5 bln usd in Davao nickel plant«, veröffentlicht am 23. Februar 2007
- Ban Toxics! (2011): The Price of Gold: Mercury Use and Current Issues Surrounding Artisanal and Small-Scale Gold Mining in the Philippines; Quezon City
- Barut und Garvilles (2010): Philippine Annual Fishery Report 2010; In: Western and Central Pacific Fisheries Commission: Annual Report to the Commission; online unter: http://www.wcpfc.int
- Bayarong, Anthony (2008): Mining companies indulge in turf war; In: Manila Times vom 6. Februar 2008
- Bautista, Germelino M. (2010): Economics of Philippine Mining: Rents, Price Cycles, Externalities, and Uncompensated Damages; online unter: http://www.asg.ateneo.edu/asogadmin/files/Economics%20of%20Philippine%20Mining.pdf
- Berger, Axel (2011): Gold beruhigt die Nerven; In: Jungle World vom 5. Mai 2011
- BGR (Bundesanstalt für Geowissenschaften und Rohstoffe) (2009): BGR-Pilotprojekt in Ruanda: Transparenz, Sozial- und Umweltstandards durch Zertifizierung mineralischer Rohstoffe; Pressemitteilung vom 13. März 2009
- Bitkom (2010): Pressemitteilung vom 28. Juli 2010
- BMWi (Bundesministerium für Wirtschaft und Technologie) (2006): Globalisierung gestalten: Externe Wettbewerbsfähigkeit der EU steigern – Wachstum und Arbeitsplätze in Europa sichern. Berlin, Juli 2006
- BMWi (Bundesministerium für Wirtschaft und Technologie) (2010): Rohstoffstrategie der Bundesregierung – Sicherung einer nachhaltigen Rohstoffversorgung Deutschlands mit nicht-energetischen mineralischen Rohstoffen. Berlin; online unter: http://www.

bmwi.de/Dateien/BMWi/PDF/rohstoffstrategie-der-bundesregierung,property=pdf,bereich=bmwi,sprache=de,rwb=true.pdf
- Böhme, Daniel (2009): Umweltproblematik des (Groß-)Bergbau am Beispiel Rapu Rapu. In: Focus Asien: Entwicklungsaggression am Beispiel Bergbau in den Philippinen. Nr. 32, Essen, S. 36–40
- Böhme, Daniel (2011): Konflikte um ökologische Ressourcen auf den Philippinen – Eine politisch-geographische Analyse der Rolle von regionalen und lokalen Akteuren bei Auseinandersetzungen um den Betrieb eines Tagebaus unter besonderer Berücksichtigung von »People's Organisations«. Unveröffentlichte Diplomarbeit
- Bojanowski, Axel (2010): Uno-Berechnung zu Elektroschrott – Gold-Berge auf Müllhalden; online unter: http://www.spiegel.de/wissenschaft/technik/0,1518,679381,00.html
- Brüderle, Rainer (2010): Brüderle gibt Startschuss für Deutsche Rohstoffagentur, Pressemitteilung des BMWi vom 4. Oktober 2010; online unter: http://www.bmwi.de/BMWi/Navigation/Presse/pressemitteilungen,did=361998.html
- Bück, Philipp (2009): Im Schatten der Sicherheit; In: Grabowski, Maike, Heiko Herold und Rolf Jordan: Sicherheit kontra Menschenrechte – Antiterrorpolitik in Asien; Horlemann Verlag
- Bulaong Jr., O. (2004): A case study on Marcopper Mining Corporation and the tradegy of 1996; online unter: http://www.ethicalbusiness.nd.edu/researchScholarship/Consortium%20cases/Marcopper_CaseApril2.pdf
- Bundesregierung (2007): Elemente einer Rohstoffstrategie; online unter: http://www.bmwi.de/BMWi/Redaktion/PDF/E/elemente-rohstoffstrategie,property=pdf,bereich=bmwi,sprache=de,rwb=true.pdf
- BusinessWorld (2011a): More provinces considering restrictions on mining; In. Business World vom 10. April 2011
- BusinessWorld (2011b): Aerial Inspection set for Tampakan mine; online unter: http://www.bworldonline.com/content.php?section=Nation&title=Aerial-inspection-set-for-Tampakan-mine&id=29870; 15.4.2011
- Cabueñas, Cyrain (2006): Once-idyllic island Center of Debate On Mining. In: Mines and Communities; online unter: http://www.minesandcommunities.org/article.php?a=3382; 19.10.2006
- Caliguid, Franklin A. (2011): CHR to probe mining ›abuses‹ in Surigao provinces; In: Inquirer Mindanao vom 5. Juni 2011
- Capuyan, Norma (2009): Resisting Development Aggression: Mining and Militarisation in Mindanao, Philippines; In: Asia Pacific Forum on Women, Law and Development (APWLD): Mining and Women in Asia; Chiang Mai, S. 112–114
- Catajan, Ma. Elena (2010): Lepanto strike gets militant group's support; In: Sun Star, Ausgabe Baguio vom 18. November 2010
- CBCP News (2010): Borongan clergy hits move to resume mining in Manicani Island; in: CBCP News vom 26. Oktober 2010, online unter: http://www.cbcpnews.com/?q=node/13509
- CEDHA (2011): Specific Instance Xstrata Copper. For Impacts to Rock Glaciers and Periglacial Environments in San Juan and Catamarca Provinces of Argentina of El

Pachón and Filo Colorado Mining Projects, Presented to The Australian National Contact Point, June 1, 2011
- Center for Environmental Concerns – Philippines (CEC) (2007): Rapu-Rapu: A struggle against mining liberalization and plunder in the Philippines. Quezon City
- CIDSE (2010): Protect, Respect and Remedy, Keys for implementation and follow-up of the the mandate; 3rd submission to the UN Special Representative on Business and Human Rights, Oktober 2010
- Ciencia Jr., Alejandro N. (2006): The Philippines Supreme Court and the Mining Act Ruling Reversal; In: International Graduate Student Conference Series; East-West Center; Nr. 29; Honolulu
- Conde, Carlos H. (2008): Philippine military recruits residents to defend mines; In: International Harald Tribune vom 5. Februar 2008
- Cordillera Peoples Alliance (2007): Case Study on the Impacts of Mining and Dams on the Environment and Indigenous Peoples in Benguet, Cordillera, Philippines; Prepared for: International Expert Group Meeting on Indigenous Peoples and Protection of the Environment; United Nations
- Cordillera People's Alliance (2009): A Gathering to Save Mankayan from Further Env'l Ruin; Pressemitteilung vom 17. Juli 2009; online unter: www.cpaphils.org/campaigns/July%2016%20Press%20Release.doc
- Coumans, C. (2002): A case study on Marcopper Mining and the Marinduque disaster; online unter: http://www.minesandcommunities.org/article.php?a=1445
- Curtis, Marc (2010): Die neue Jagd nach Ressourcen: Wie die EU-Handels- und Rohstoffpolitik Entwicklung bedroht
- Datinguinoo, V. M. (2002): Another Disaster Looms in Marinduque; online unter: http://www.pcij.org/stories/2002/marcopper.html
- De Vera, Ellalyn B. (2011): MGB scholarships to college students; In: Manila Bulletin vom 16. Mai 2011
- Desiderio, Louella D. (2011): Higher Prices Boost Mineral Production Values Last Year; In: The Economy vom 12. August 2011
- Der Aktionaer (2010): DGAP-UK-Regulatory: Allianz SE: Metals Exploration Plc; Veröffentlicht am 6. August 2010; online unter: www.deraktionaer.de/newsticker/dgap-uk-regulatory--allianz-se--metals-exploration-plc-12378779.htm
- Deutscher Bundestag (2007): Antwort der Bundesregierung auf die Kleine Anfrage der Abgeordneten Ute Koczy, Kerstin Müller (Köln), Margarete Wolf (Frankfurt) und der Fraktion BÜNDNIS 90/DIE GRÜNEN, Bundestagsdrucksache 16/4810 vom 23.03.2007
- Digal, Santosh (2008): Stop mining in Tampakan, threat to the environment, says Monsignor Gutierrez. In: AsiaNews vom 12. Juni 2008; online unter: http://www.asianews.it/news-en/Stop-mining-in-Tampakan,-threat-to-the-environment,-says-Monsignor-Gutierrez-12490.html
- Dumangas, Julius I. (2008): Reviving Foreign Investments in the Philippines. The Case of a Mining Project in Rapu-Rapu Island. In: Asia-Pacific Economic Cooperation (Hrsg.): Opportunities and Challenges for foreign Investment in the APEC region. Tokyo, Singapur, S. 120–142

- Earthworks & Oxfam America (2007): Golden rules. Making the case for responsible mining. Washington, Boston
- European Center for Constitutional and Human Rights (ECCHR), Brot für die Welt, Misereor (2011): Transnationale Unternehmen in Lateinamerika: Gefahr für die Menschenrechte? Berlin/Stuttgart/Aachen 2011
- Europäische Kommission (2008): Communication from the Commission to the European Parliament and the Council: The Raw Materials Initiative – Meeting our critical needs for growth and jobs in Europe. Brüssel, 2008; online unter: http://ec.europa.eu/enterprise/newsroom/cf/document.cfm?action=display&doc_id=894&userservice_id=1
- Europäische Kommission (2010b): Critical Raw Materials for the EU, Report of the Ad-hoc Working Group on defining critical raw materials, online unter: http://ec.europa.eu/enterprise/policies/rawmaterials/documents/index_en.htm
- Europäische Kommission (2010a): Handel, Wachstum und Weltgeschehen – Handelspolitik als Kernbestandteil der EU-Strategie Europa 2020; online unter: http://trade.ec.europa.eu/doclib/docs/2010/november/tradoc_146956.pdf
- Europäische Kommission (2011): Communication from the Commission to the European Parliament, the Council, the European Economic and Social Committee and the Committee of the Regions: Tackling the challenges in commodity markets and on raw materials. Brüssel, 2011; online unter: http://ec.europa.eu/enterprise/policies/raw-materials/files/docs/communication_en.pdf
- Feldt, Heidi (2006): ILO – UN Normen – Synergien oder Konkurrenz? Diskussionspapier im Auftrag von Misereor, Friedrich-Ebert Stiftung, IG Metall, Essen/Genf, Mai 2006
- Feldt, Heidi und Axel Müller (2011): Transparenz – ein erster Schritt auf dem Weg zur Ressourcengerechtigkeit. Zwischenbilanz der Extractive Industries Transparency Initiative (EITI) in der zentralafrikanischen Region; Brot für die Welt, Global Policy Forum und Misereor; Aachen, Bonn, Stuttgart, September 2011
- Fernan, Ramon (2009): Evaluating certain provisions of the 1995 mining law with reference to the framework for responsible mining; Präsentation im Februar 2009 auf der Ateneo School of Government; online unter: http://www.alyansatigilmina.net/files/ENR_Governance_Forum_23April09_RFernan_Presentation.pdf
- Filipino Post, The (2010): Army offers to help with troubles in paradise; vom 15. September 2010; online unter: http://www.thefilipinopost.com/feature/feature/article/armyoffershelptroublesparadise
- Financial (o. A.) (2008): TopStory Rohstoffe: Kupfer-Gold-Mine Rapu-Rapu soll im August wieder produzieren. In: Financial vom 1. September 2008
- Frialde, Mike, Zoleta, Michelle und Faizza Farinna Tanggol (2011): Suspect in Ortega slay arrested in Quezon; In: The Philippine Star vom 30. Januar 2011
- Fuhr, Lili (2010): Neue Rohstoffstrategie der Bundesregierung – Kommentierung aus klimapolitischer Sicht; online unter: http://klima-der-gerechtigkeit.de/2010/10/22/neue-rohstoffstrategie-der-bundesregierung-kommentierung-aus-klimapolitischer-sicht/
- Germanwatch (2011): Überarbeitete Unternehmensleitsätze bringen Kanzlerin in Zugzwang. Potenzial der OECD-Leitsätze für multinationale Unternehmen kann besser genutzt werden, Pressemitteilung vom 25. Mai 2011

- Global Policy Forum Europe, Misereor, Brot für die Welt (2007): Mehr Transparenz für mehr Entwicklung. Rohstoffkonzerne und Regierungen in der Pflicht. Aachen, Bonn, Stuttgart, Juni 2007
- Global Policy Forum Europe, Misereor, Brot für die Welt (2008): Transparenz beginnt zu Hause: Deutsche Unternehmen und Banken im Rohstoffsektor und die Transparenz der Zahlungsflüsse, Aachen, Bonn, Stuttgart, September 2008
- Global Policy Forum Europe, Misereor, Brot für die Welt (2011): Offenlegungspflichten von Rohstoffkonzernen im Dodd-Frank-Act, Hintergrundinformation, o. O., April 2011
- GMA News (2011): SC asked to issue writ of kalikasan vs mining firms in Surigao; in: GMA News vom 30. Mai 2011; online unter: http://www.gmanews.tv/story/222069/nation/sc-asked-to-issue-writ-of-kalikasan-vs-mining-firms-in-surigao
- GMANews.tv (2011): ›Armed natives‹ kill 3 workers in SCotabato ambush – military; In: GMANews.tv vom 26. März 2011
- Goodland, Robert and Clive Wicks (2008): Mining or Food? Working Group on Mining in the Philippines 2008; London; online unter: http://www.piplinks.org/miningorfood
- Grabowski, Maike (2009): Entwicklungsaggression Bergbau; In: Focus Asien; Nummer 32; Asienhaus, Essen
- Grabowski, Maike (2011): Alles was Recht ist – Politische Menschenrechte unter der Präsidentschaft Aquino; In: südostasien Heft 2, 2011, S. 63–67
- Greenpeace International (2002): Mining Cases. In: Corporate Crimes: The need for an international instrument on corporate accountability and liability
- Greenpeace (2006): Fool's Gold. The false economic promises of the Lafayette mining project in Rapu Rapu. o. O.
- Greenpeace (2007): Acid Mine Drainage: devastating to aquatic life. o. O.
- Greenpeace (2010): Environmental groups in the Philippines, Rep. Bello blast Indonesian detention of climate activists in Cirebon; Press Release von Greenpeace und LRC-KsK vom 7. Juli 2010
- Gruber, Agnes und Michael Reckordt (2010): Es ist nicht alles Gold, was glänzt; In: Fisch + Vogel, Heft Nr. 71
- Happe, Barbara, Neue Banken braucht das Land, Urgewald 2009
- Human Rights Council (2008): Protect, Respect and Remedy: a Framework for Business and Human Rights, Report of the Special Representative of the Secretary-General on the issue of human rights and transnational corporations and other business enterprises, John Ruggie. A/HRC/8/5, 7 April 2008
- Human Rights Council (2011): Report of the Special Representative of the Secretary-General on the issue of human rights and transnational corporations and other business enterprises, John Ruggie: Guiding Principles on Business and Human Rights: Implementing the United Nations »Protect, Respect and Remedy« Framework. A/HRC/17/31, 21 March 2011
- Ilagan, Luzviminda (2009): Legislative Actions on the Mining Issue in the Philippines; In: Asia Pacific Forum on Women, Law and Development (APWLD): Mining and Women in Asia; Chiang Mai, S. 115–123

- Intercontinental Cry (2010): Troubling Developments for the Island of Palawan; online unter: http://intercontinentalcry.org/troubling-developments-for-the-island-of-palawan/
- Israel, Danilo C. (2010): National Industrialization in Philippine Mining: Review and Suggestions; In: Discussion Paper Series No. 2010–35, Philippine Institute for Development Studies; Makati City
- Itable, Audie M. (2009): Statement of concern and urgel appeal for peace; Veröffentlicht am 31. August 2009 in Columbio, Sultan Kudarat
- Ito, Lisa (2007): Rapu Rapu Folk Going Hungry after Fish Kill; Locals Report Possible Seafood Poisoning. In: Bulatlat am 11. November 2007
- Ito, Lisa und Giovanni Tapang (2007): Digging our graves: ODA and mining investments in the Philippines; In: IBON EDM; Heft September – Oktober 2007; Quezon City
- Jacinto, Al (2010): Illegal mining breeds child labor, prostitution in Diplahan; In: GMA-News.tv vom 21. März 2010
- Joint Foreign Chambers (2010): Arangkada Philippines 2010: A Business Perspective: Section on Mining
- Karapatan (2008): Raymond Manalo Criminal Case vs Palparan et.al.; Pressemitteilung vom 12. September 2008; online unter: http://www.karapatan.org/node/253
- Karapatan (2010): 2010 – Year-End Report on the Human Rights Situation in the Philippines; Quezon City
- Korten, David (1995): When corporations rule the world
- Kwok, Abigail (2009): Drill Operator shot dead in S. Cotabato; In: Philippine Daily Inquirer vom 27. Juli 2009
- Lacorte, Germelina (2011): NPA justifies attack on mine; In: Philippine Daily Inquirer vom 16. Mai 2011
- Landingin, Roel (2008): Unearthing Strife; In: Newsbreak, Special Edition, Juli/September 2008; S. 5–11
- Logarta, Louie (2011): Philex Mining on UN blacklist; In: The Daily tribune vom 2. Juni 2011; online unter: http://www.tribuneonline.org/commentary/20110206com4.html
- Lozano, Joey R. B. (1997): Mining Act beckons foreign firms; In: Philippine Daily Inquirer vom 8. Mai 1997
- LRC-KsK/FoE-Philippines (o. A.): Minerals Management Bill Primer; online unter: http://lrcksk.org/main/campaigns/minerals-management-bill/
- Mallari Jr., Delfin (2010): NPA nets P36M ›revolutionary tax‹ in Southern Luzon in 2010—military; In: Philippine Daily Inquirer vom 30. Dezember 2010
- Martens, Jens und Wolfgang Obenland (2011): UmSteuern. Folgen von Kapitalflucht und Steuerhinterziehung für die Länder des Südens – und was dagegen zu tun ist; Misereor, Global Policy Forum Europe, terre des hommes; Aachen, Bonn, Osnabrück, Juni 2011
- McMahon, Fred und Miguel Cervantes (2011): Survey of Mining Companies 2010/2011; In: Fraser Institute Annual; Vancouver, März 2011
- minesandcommunities (2007): Delayed Justice for Marinduque Mining Disaster Victims; online unter: http://www.minesandcommunities.org/article.php?a=3285

- MiningWatch (2005): From Paradise to Toxic Wasteland. Oxfam Report Exposes a Canadian Mining Company's Lack of Corporate Accountability in Philippine Island Mining Disaster; online unter: http://www.miningwatch.ca/en/paradise-toxic-wasteland-oxfam-report-exposes-canadian-mining-company-s-lack-corporate-accountabilit
- Money to Metal (2011a): Website zur West LB: online unter: http://moneytometal.org/index.php/West_LLB
- Money to Metal (2011b): Website zur Allianz AG: online unter: http://moneytometal.org/index.php/Allianz
- Moody, Roger (2007): Rocks & Hard Places: The Globalization of Mining
- Municipality of Rapu-Rapu (2002): Municipality Data. Poblacion
- National Statistics Office (2007): Brief Municipal Profile. o. O.
- National Statistics Office (2011): Employment Rate was 93 Percent in October 2010; online unter: http://www.census.gov.ph/data/pressrelease/2010/lf1004tx.html
- NEDA (2004): Medium-Term Philippine Development Plan 2004–2010; online unter: http://www.neda.gov.ph/ads/mtpdp/MTPDP2004-2010/PDF/MTPDP2004-2010.html
- NEDA (2011): Philippine Development Plan 2011–2016; online unter: http://devplan.neda.gov.ph/about-the-plan.php
- Nostromo Research (2011): Tracking Global Mining Deals. London; online unter: http://moneytometal.org/index.php/ABN_Amro
- No To Mining in Palawan (2011): Website; online unter: http://no2mininginpalawan.com/
- o. A. (2009): Asian Gateway; In: Mining Journal
- Ordenes-Cascolan, Lala (2007): PCIJ: Abducted Manalo brothers point to Palparan as ‚culprit'; In: GMAnews.tv vom 26. August 2007
- Ortega, Michaella Angeli I. (2010): Miners Turn to Palawan: The Last Frontier; Veröffentlicht am 29. Juli 2010; online unter: http://onepalawan.wordpress.com/2010/07/29/hello-world/
- Otto, James M. (2000): Mining Taxation in Deleoping Countries; UNCTAD study; November 2000
- Padilla, Alvic (2010): Understanding Incomes and Expenditures of Local Government Units; online unter: http://www.transparencyreporting.net/index.php?option=com_content&view=article&id=90:understanding-incomes-and-expenditures-of-local-government-units-&catid=55:background-papers&Itemid=94
- Pangataman-Bikol (2010): Dead whale found in Rapu-rapu Island! online unter: http://pangatamanbikol.wordpress.com/2010/07/19/%E2%80%9Cdead-whale-found-in-rapu-rapu-island%E2%80%9D-pangataman-bikol-dicaprio-should-see-the-real-environmental-situation-in-albay/
- Papa, Alcuin (2010): Reds are now into business, says security expert; In: Philippine Daily Inquirer vom 6. November 2010
- Pareja, Jessica (2010): 156 Mining Rights application denied; in Philstar vom 6. Januar 2010
- Parone, Lino Gilbert K. (2007): Green Peas. Mining what's ours. In: Philippine Daily Inquirer vom 11. Juni 2007

- Parreño, Atty Al A. (2010): Report on the Philippine Extrajudicial Killings (2001 – Aug, 2010); online unter: http://www.asienhaus.de/menschenrechte-philippinen/dokumente/EJKReport_Parreno.pdf
- Pazzibugan, Dona (2010): 7 mines threaten pullout – Army says NPA seeking higher ›tax‹; In: Philippine Daily Inquirer vom 28. Dezember 2010
- Philippine Atmospheric, Geophysical & Astronomical Services Administration (PAGASA) (2000): Rainfall Data Analysis. o. O.
- Philippine Business Leaders Forum (2007): Philippine Mining News vom 3. Dezember 2007; online unter: http://www.philippinesforum.com/resources/research/files/PMN_071203.pdf
- Philippine Daily Inquirer (o. A.) (2007): Fishing village placed under state of calamity over fish kill. In: Philippine Daily Inquirer vom 7. November 2007.
- Philippine Daily Inquirer (2010a): What went before: Jonas Burgos' abduction; in: Philippine Daily Inquirer vom 23. Juni 2010
- Philippine Daily Inquirer (2010b): DILG says Cotabato open-pit mining ban illegal; In: Philippine Daily Inquirer vom 12. September 2010; online unter: http://business.inquirer.net/money/topstories/view/20101209-308059/DILG-says-Cotabato-open-pit-mining-ban-illegal; 12. September 2010.
- philippinenbüro, Misereor et. al. (2010): Anforderung an eine zukunftsfähige Rohstoffstrategie – Stellungnahme zivilgesellschaftlicher Organisationen zur Rohstoffstrategie der Bundesregierung; aktualisierte Fassung vom 1.2.2011; online unter: http://www.asienhaus.de/public/archiv/Anforderungen_an_eine_zukunftsfhige_Rohstoffstrategie.pdf
- Picana, Thom F. (2011): IPs want repeal of Mining Act; In: Manila Times vom 26. März 2011
- Profundo (2009): Involvement of German banks in the Philippine mining sector; Amsterdam, November 2009
- Quitasol, Aldwin (2010): Lepanto Workers' Back Wages Still Unpaid; In: Bulatlat vom 2. Februar 2010
- Range, Jochen (2009): Weggeräumt – Wo das Recht auf ein Zuhause nichts wert ist; In: Focus Asien Nummer 32, Februar 2009; online unter: http://www.asienhaus.de/public/archiv/focus32.pdf
- Rapu Rapu Fact Finding Commission (RRFFC) (2006): Findings and recommendations of the fact finding commission on the mining operations in Rapu-Rapu island. o. O.
- Rapu Rapu Minerals Inc. (RRMI) (2008): Rapu Rapu Polymetallic Project. Powerpointpräsentation. Pagcolbon
- Reckordt, Michael (2010a): Eine Krise unter vielen! Die Auswirkungen der Weltwirtschaftskrise auf die Philippinen; In: südostasien Heft 2, 2010, S. 68–72
- Reckordt, Michael (2010b): Böse Mine zum guten Spiel; In: südostasien Heft 4, 2010, S. 71–74
- Reese, Niklas (2005): Kann Partizipation Berge versetzen?; In: Reese, Niklas und Rainer Werning: Handbuch Philippinen, S. 196–204
- Reese, Niklas (2009): Entwicklungsaggression, Menschenrechte und der Neoliberalismus. In: Focus Asien: Nummer 32; Asienhaus Essen, S. 7–15

- Regis, Emelina Gagalac (2008): Impacts of mining in an island ecosystem. The case of Rapu-Rapu island Philippines. Naga
- Rodriguez, Gina (2007): Bishop seeks aid for villages hit by Rapu-Rapu ›fishkill‹. In: Philippine Daily Inquirer vom 25. November 2007
- Rosales, Loretta Ann P. (2011): Resolution CHR (IV) No. A2011–004; online unter: http://www.chr.gov.ph/MAIN%20PAGES/about%20hr/position%20papers/pdf/reso2011–004.pdf
- S2B Investment Working Group (2010): Vattenfall vs Germany: A troubling precedent; In: Seattle to Brussels Network: Reclaiming Public Interest in Europe's International Investment Policy; S. 33–34; online unter: http://www.s2bnetwork.org/fileadmin/dateien/downloads/eu_investment_reader.pdf
- San Juan, Joel (2011): Tribesmen seek kalikasan writ vs mining companies in Surigao; In: Business Mirror vom 30. Mai 2011
- Saage-Maaß, Müller-Hoff (European Center for Constitutional and Human Rights (ECCHR)) (2011): Transnationale Unternehmen in Lateinamerika: Gefahr für die Menschenrechte?; Misereor, Brot für die Welt; Aachen, Berlin, Stuttgart 2011
- SAPRIN (2001): The Impact of Investment Liberalization and the Mining Act of 1995 on Indigenous Peoples, Upland Communities and the Rural Poor, and on the Environment: A summary report; online unter: http://www.saprin.org/philippines/research/phi_mining_sum.pdf
- Sarmiento, Bong S. (2010a): A Suspect, But No Case Filed: A Failure of Justice For Eliezer Billanes; online unter http://targetejk.net (vom 1. September 2010)
- Sarmiento, Bong S. (2010b): Construction firm belies Sagittarius Mines' claim; In: MindaNews am 26. März 2011
- Sarmiento, Bong S. (2011): Australian firm scores Aquino gov't on unresolved open-pit ban; In: MindaNews vom 26. Mai 2011
- Sarte, Camille Erika R. (2010): DHL puts up $1-M facility in Pasay; In: BusinessWorld Online vom 29. Oktober 2010
- Save the Abra River Movement (2004): Environment Watch – karayan abra; Bagiuo
- Silverio, Ina Alleco R. (2011): Pro-People, Pro-Environment Mining Bill Proposed in Congress; Bulatlat am 3. März 2011
- Sinumlag, Alma B. (2010): »Go for mining moratorium« – Baguilat pushes for review of mining, IP laws; In: Northern Dispatch vom 4. Oktober 2010; online unter: http://www.nordis.net/?p=7892
- SMI (2011a): Tampakan Copper-Gold Project offers potential for significant economic benefits for Philippines; Pressemitteilung vom 6. April 2011; online unter: http://www.smi.com.ph/EN/media/2011/SMI_Press_Release_Asia_Mining_Congress_060411.pdf
- SMI (2011b): Tampakan Copper-Gold Project – Environmental Impact Assessment – Overview Document; online unter: http://www.smi.com.ph/EN/EnvironmentalImpact-Assessment/Documents/Xstrata_Tampakan_EIA_Document_110608_WEB.pdf
- Stark, Jeffrey, Jennifer Li und Katsuaki Terasawa (2006): Environmental Safeguards and Community Benefits in Mining: Recent Lessons from the Philippines; Working Papers No. 1; online unter: http://www.fess-global.org/workingpapers/lessons_from_rp.pdf

- Stoll, Georg »Den Geist der Steuergerechtigkeit wecken«, in: Germanwatch und MISEREOR, »Weitblick«: Zeitung für eine global gerechte und zukunftsfähige Politik, Ausgabe 4/2010
- Strohscheidt, Elisabeth (2005): Die »Normen der Vereinten Nationen für die Verantwortlichkeiten transnationaler Konzerne und anderer Wirtschaftsunternehmen im Hinblick auf die Menschenrechte«; In: Bussler, Christian und Alexander Fonari (Hrsg.): Sozial- und Umweltstandards bei Unternehmen: Chancen und Grenzen, München 2005, S. 53–67
- SunStar Tacloban (2010): Council to Monitor Mining in Manicani Island. In: SunStar vom 13. November 2010; online unter: http://www.sunstar.com.ph/tacloban/local-news/council-monitor-mining-manicani-island; 13.11.2010
- SunStar Bacolod (2011): Sipalay favors mining operations. In: SunStar vom 19. April 2011; online unter: http://www.sunstar.com.ph/bacolod/local-news/2011/04/19/sipalay-favors-mining-operations-151250; 19.4.2011
- Task Force Usig (2011): Task Force Usig Accomplishment Report; Februar 2011
- The Philippine Star (o. A.) (2007): Anti mining groups claims baseless, says Lafayette. In: The Philippine Star vom 8. Februar 2007
- Tiglao, Rigoberto D. (2011): Murder in Puerto Princesa; In: Philippine Daily Inquirer vom 4. Mai 2011
- Tolentino, F. N. (2008): Revisiting the Marinduque Mining Disaster; online unter: http://findarticles.com/p/news-articles/manila-bulletin/mi_7968/is_2008_April_2/revisiting-marinduque-mining-disaster/ai_n34988203/
- Triple I Consulting (2011): The Philippines' Mineral Potential; online unter: http://www.tripleiconsulting.com/main/philippines-investment-resources/value-propositions/philippines-mining-potential
- UNDP und DENR (n. n.): Mineral Resources and Geosciences Management Plan Volume V; ENR Management Framework Plan; online unter: http://calabarzon.denr.gov.ph/pdf%20files/info%20resources/Volume_V_-_Mines_and_Geosciences.pdf
- UNEP (2009): Recycling – From E-Waste to Resources; FINAL REPORT, Juli 2009
- Utz, Britta (2010): Handbuch der Menschenrechtsarbeit. Edition 2010/2011, Berlin
- Utz, Britta (2011): Update oder Upgrade? Eine Bilanz zur Revision der OECD-Leitsätze für multinationale Unternehmen, Friedrich Ebert Stiftung, Juni 2011
- Van Gelder, Jan Willem/Kroes, Hassel (2008): German financial institutions and mining in Africa, South East Asia and Latin America. A research paper prepared for Bread for the World, Miseeror and Global Policy Forum Europe. Castricum: Profundo, 2008

Autor/innen Informationen

Daniel Böhme ist Diplom Geograph und hat seine Abschlussarbeit einer Konflikt- und Akteursanalyse zum aktuellen Bergbauprojekt auf Rapu Rapu gewidmet. Unter anderem zu Forschungszwecken bereiste er die Region in den letzten Jahren mehrmals.

Romel De Vera ist Projektkoordinator bei Friends of the Earth International. Er arbeitet im Programm zum »Widerstand gegen Bergbau, Öl und Gas« und arbeitet in diesem Zusammenhang eng mit Legal Rights and Natural Resources Center/Kasama sa Kalikasan, dem philippinischen Friends of the Earth, zusammen.

Dr. Heidi Feldt ist entwicklungspolitische Beraterin und Mitglied im Global Policy Forum Europe. Ihr Arbeitsschwerpunkt ist Governance im Rohstoffsektor.

Shane Fischer ist Studentin der Geographie an der Universität Bonn und hat im Jahr 2011 im **philippinen**büro zum Thema Auswirkungen des Bergbaus mitgearbeitet.

Nicola Jaeger beschäftigt sich als freie Autorin und Redakteurin schwerpunktmäßig mit internationaler Handels- und Investitionspolitik sowie Klima- und Ressourcengerechtigkeit. Für PowerShift – Verein für eine ökologisch-solidarische Energie- & Weltwirtschaft e. V. – arbeitet die Dipl. Geographin momentan zu Energiearmut und Möglichkeiten der solidarischen Produktion von erneuerbaren Energien sowie der deutschen und europäischen Rohstoffpolitik, beides auch in Bezug auf die Philippinen.

Mario Ebite Maderazo arbeitet seit November 2009 für *Philippine Misereor Partnership* (PMP), einem Netzwerk aus mehr als 300 zivilgesellschaftlichen und kirchlichen Organisationen und vertritt die Interessen der am stärksten marginalisierten gesellschaftlichen Gruppen. Er koordiniert die »*Anti-Mining-Campaign*« und arbeitet seit vielen Jahren mit Fischer-Gemeinden, Indigenen Gemeinschaften und vom Bergbau betroffenen Gruppen.

Michael Reckordt ist Geschäftsführer des **philippinen**büro e. V. und beschäftigt sich seit 2008 mit den Themen Bergbau in den Philippinen. In den Jahren 2009 und 2010 besuchte er Abbaugebiete in den Philippinen und sprach vor Ort mit Betroffenen, Politiker/innen und den Unternehmen.

Elisabeth Strohscheidt ist seit April 2004 Menschenrechtsreferentin beim Bischöflichen Hilfswerk MISEREOR. Nach fast zehnjähriger Tätigkeit im Sekretariat der deutschen Sektion von Amnesty International, arbeitet sie bei MISEREOR zum thematischen Schwerpunkt »Verantwortung privatwirtschaftlicher Unternehmen für Entwicklung und Menschenrechte«. Sektorale Schwerpunkte sind Rohstoffe sowie Arbeitsbedingungen in der chinesischen Spielzeugindustrie. Die Philippinen bereiste sie in den letzten Jahren zweimal.

Philippinische Netzwerke

In den Philippinen arbeiten viele verschiedene Netzwerke zu ökologischen Fragen, Menschenrechten und Auswirkungen des Bergbaus. Im Folgenden sollen vier der größeren Organisationen beispielhaft genannt werden.

Philippine Misereor Partnership (PMP)
Im PMP sind über 300 kirchliche und nicht-kirchliche Organisationen der Zivilgesellschaft zusammengeschlossen. Misereor ist gleichberechtigtes Mitglied und unterstützt das Netzwerk finanziell sowie durch Lobby und Advocacyarbeit. Bergbau ist zu einem zentralen Thema des PMP geworden. Seit August 2009 arbeitet es in der Anti-Bergbau-Kampagne (Anti-Mining Campaign – AMC), um dem Großbergbau entgegenzuwirken. (*http://www.pmpipartnership.com*)

Legal Rights and Natural Resources Center/Kasama sa Kalikasan (LRC/KsK – Friends of the Earth Philippines)
LRC/KsK existiert seit Februar 1988 und setzt sich als NGO für ökologisch nachhaltige, gendersensetive, kulturell angepasste und gleichberechtigte Nutzung, Verwaltung, Konservierung sowie Entwicklung von natürlichen Ressourcen ein. LRC/KsK hat federführend an verschiedenen Gesetzentwürfen zu nachhaltiger Nutzung von Ressourcen mitgewirkt. (*http://www.lrcksk.org*)

Alyansa Tigil Mina (ATM)
Ist ein Zusammenschluss von Organisationen und Gruppen, der sich gegen die aggressive Förderung des Großbergbaus durch die Politik einsetzt. Zusammengesetzt aus NGOs, Basisinitiativen, kirchlichen Organisationen und akademischen Institutionen ist ATM sowohl eine Interessengruppe als auch eine soziale Bewegung, die versucht die philippinischen Gemeinden und die natürlichen Ressourcen zu schützen. (*http://www.alyansatigilmina.net*)

Kalikasan People's Network for the Environment (PNE)
Kalikasan ist das Tagalog Wort für Natur. Kalikasan PNE setzt sich ebenfalls aus Basisinitiativen, NGOs und Umweltinteressengruppen zusammen und wurde gegründet, um marginalisierte Personengruppen vor Umweltzerstörung zu schützen. Sie arbeiten eng mit der Menschenrechtsorganisation Karapatan zusammen. (*http://www.kalikasan.org*)

philippinenbüro e. V.
im Asienhaus

philippinenbüro e.V.
im Asienhaus

Das philippinenbüro ist ein unabhängiges, soziopolitisches Informationszentrum. Unsere Aufgabe ist es, Interessierten aktuelle gesellschafts- und entwicklungspolitische Hintergründe und Zusammenhänge zu den Philippinen aufzuzeigen. Neben der Informations- und Bildungsarbeit zu aktuellen Entwicklungen in den Philippinen, vermittelt das Büro Kontakte in die Philippinen und fungiert als Dokumentationszentrum. Der 1987 gegründete Verein hat über 170 Mitglieder.

Im Jahr 1995 hat das philippinenbüro das Asienhaus mitbegründet und ist seitdem in Essen ansässig.

Unser Verein steht in engem Austausch mit verschiedenen europäischen und philippinischen Nichtregierungsorganisationen, Netzwerken und Hilfswerken, die in den Philippinen oder zu Themen der Globalisierung tätig sind. Wir bringen die Philippinen als ein Beispielland für Themen wie Menschenrechte, Klimawandel, Migration, Landrechte, Bergbau und Ressourcenverbrauch ein. Anhand der Informationen werden z. B. die deutsche und europäische Rohstoffstrategie und die damit verbundenen Investitionen, kritisch analysiert.

Im Jahr 2007 wurde das Aktionsbündnis Menschenrechte – Philippinen ins Leben gerufen, mit Sitz der Koordinationsstelle im philippinenbüro. Wir betreiben Lobby- und Informationsarbeit zu der philippinischen Menschenrechtssituation in Deutschland und Europa. Mitglieder sind Amnesty International, Brot für die Welt, Diakonie (Referat Menschenrechte), Evangelischer Entwicklungsdienst (EED), Misereor, Missio, das philippinenbüro und die Vereinte Evangelische Mission (VEM). Informationen finden sich unter: *www.menschenrechte-philippinen.de*

Viermal im Jahr publizieren wir, gemeinsam mit der Südostasien Informationsstelle, die Zeitschrift südostasien. Darüber hinaus bieten wir diverse Newsletter an – philippinen aktuell, Rundbrief Philippinen und Human Rights News Philippines – die kostenlos über unsere Homepage *www.philippinenbuero.de* abonniert werden können. Zudem veröffentlichen wir Bücher zu gesellschaftspolitischen Themen, wie das »informative Standardwerk« (WOZ), das Handbuch Philippinen (Hrsg. Niklas Reese und Rainer Werning).